Doren Paal

ADHS

Doren Paal

ADHS

Aufmerksamkeitsdefizit- und Hyperaktivitätsstörung

HERBIG
Gesundheitsratgeber

Die Ratschläge in diesem Buch sind von Autorin und Verlag sorgfältig geprüft, dennoch kann keine Garantie übernommen werden. Jegliche Haftung der Autorin bzw. des Verlages und seiner Beauftragten für Gesundheitsschäden sowie Personen-, Sach- und Vermögensschäden ist ausgeschlossen.

Besuchen Sie uns im Internet unter
www.herbig-verlag.de

Schutzumschlaggestaltung: Wolfgang Heinzel
Lektorat: Gabriele Berding
Herstellung und Satz: VerlagsService Dr. Helmut Neuberger & Karl Schaumann GmbH, Heimstetten
Gesetzt aus der 11/14 Punkt Optima
Druck und Binden: Offizin Andersen Nexö, Leipzig
Printed in Germany
ISBN 978-3-7766-2520-2

Inhalt

Einleitung

Bücher über ADHS gibt es inzwischen einige. Das ist nicht verwunderlich, denn das Aufmerksamkeits-Defizit-Hyperaktivitäts-Syndrom (ADHS) gehört mittlerweile zu den häufigsten Erkrankungen des Kindes- und Jugendalters. Und in den vergangenen Jahrzehnten tat Aufklärung auch not, wenn man es diesen Kindern ersparen wollte, immer nur als unerzogene Störenfriede abgestempelt zu werden. Sogar ADHS im Erwachsenenalter ist endlich bei Fachleuten ein Thema.

Die genauen Ursachen von ADHS sind noch weitestgehend unbekannt

Die genauen Ursachen von ADHS sind noch weitestgehend unbekannt. Dass es eine genetische Komponente bei dieser Verhaltensstörung gibt, ist allerdings wissenschaftlich belegt. Doch nur die genetische Veranlagung alleine reicht nicht, an ADHS zu erkranken. Noch eine ganze Reihe anderer Faktoren müssen zusammentreffen, damit ein Kind ein ADHS entwickelt. Einige dieser Faktoren sind bekannt, doch es bleiben auch weiterhin viele Fragen offen. Wenn sie mehr über die Diagnostik und Therapie von ADHS wissen möchten, stehen Rat suchende Eltern der Flut von Informationen meist hilflos gegenüber. Doch ein umfangreiches Wissen ist nötig, damit sie ihren Kindern helfen können.

Dieses Buch möchte Ihnen Antworten geben

Dieses Buch möchte Ihnen auf folgende Fragen Antworten geben:

> Hat mein Kind nun ADHS oder nicht?
> Wie kann ich beurteilen, ob es fachgerecht diagnostiziert wurde?
> Welche Behandlungsmöglichkeiten gibt es?
> Wo können wir Hilfe bekommen?

Dieses Buch kann Sie als eine Art Wegweiser durch den Dschungel von Untersuchungs- und Behandlungsmöglichkeiten führen. Dazu gehören die konventionellen, schulmedizinischen Betrachtungsweisen genauso wie der ganzheitliche Behandlungsansatz.

Die Auslöser von ADHS sind bei jedem Kind sehr individuell

ADHS ist eine komplexe Verhaltensstörung, die immer neben der genetischen Veranlagung eine Vielzahl unterschiedlichster Auslöser oder verschlimmernder Faktoren haben kann. Auch wenn sich die ADH-Symptome sehr ähneln, sind die Auslöser dieser Störung bei jedem Kind sehr individuell. Deshalb kann es bei ADHS nicht nur die eine, allgemeingültige Behandlung geben. Auf eine standardisierte Diagnostik muss immer eine ganz individuelle Ursachenforschung folgen. Und wenn die Ursachen klar sind, kann den Kindern ein individueller Behandlungsplan helfen.

Alle in diesem Buch vorgestellten Möglichkeiten in der Diagnostik und Therapie von ADHS sind wissenschaftlich belegt. Dieses umfassende und fundierte Wissen gibt Ihnen die Möglichkeit, die Behandlung Ihres Kindes gemeinsam mit einem Arzt Ihres Vertrauens zu gestalten.

Die Behandlung von ADHS ist ein Weg, den Familien gemeinsam mit ihren Kindern beschreiten. Die Kinder können mithilfe einer geeigneten Therapie und der Unterstützung ihrer Eltern dabei lernen, mit ihren Eigenarten und Besonderheiten besser umzugehen, ihre Talente zu nutzen und auf ihre ganz besondere, individuelle Weise ihr Leben zu gestalten.

Die Behandlung von ADHS ist ein Weg, den Familien gemeinsam mit ihren Kindern beschreiten

In diesem Sinne:

Begleiten Sie Ihr Kind!
Suchen Sie die Stärken Ihres Kindes!
Haben Sie den Mut, auch ungewöhnliche Wege zu gehen!
Geben Sie Ihr Kind nie auf!

ADHS – Was ist das?

Wer damit beginnt, sich mit dem Thema Aufmerksamkeits-Defizit-Syndrom auseinanderzusetzen, wird unweigerlich auf verschiedene Begriffe stoßen, die letztlich alle das gleiche Krankheitsbild beschreiben. Gegenwärtig sind ADS (**A**ufmerksamkeits-**D**efizit-**S**yndrom) und ADHS (**A**ufmerksamkeits-**D**efizit-**H**yperaktivitäts-**S**yndrom) die gebräuchlichsten Bezeichnungen. Wobei es sich bei ADS/ADHS um die gleiche Störung handelt, die mit und ohne Hyperaktivität vorkommen kann. Doch man stößt auch immer wieder auf ältere Begriffe. Dazu zählen das HKS (**H**yper**k**inetisches **S**yndrom), MCD (**M**inimale **C**erebrale **D**ysfunktion = geringfügige Fehlfunktion des Gehirns) oder das POS (**P**sycho**o**rganisches **S**yndrom = die Schädigung des Gehirns hat Auswirkungen auf die Psyche). Letzteres wird im deutschsprachigen Teil der Schweiz noch immer verwendet.

Aufmerksamkeits-Defizit-Syndrom – verschiedene Begriffe hierzu, die letztlich alle das gleiche Krankheitsbild beschreiben

Diese Begriffsvielfalt ist ein Beleg dafür, wie schwer diese Störung und ihre Ursachen zu greifen sind. Gerade HKS, POS und MCD beinhalten in ihrer Krankheitsbezeichnung nur einen Teil der Ursachen und Symptome der ADH-Störung, die dem Gesamtbild der Erkrankung nicht gerecht werden. HKS ist das Syndrom des zappeligen Kindes –

Begriffsvielfalt ist ein Beleg dafür, wie schwer diese Störung und ihre Ursachen zu greifen sind

die Aufmerksamkeits- und Konzentrationsstörung findet sich nicht in der Krankheitsbezeichnung wieder. POS und MCD trifft nur auf den Teil der Kinder zu, bei denen ADH-Symptome als Folge einer leichten Beeinträchtigung der Gehirnfunktion, beispielsweise aufgrund eines Sauerstoffmangels unter der Geburt oder Ähnlichem, auftreten.

Mit den Abkürzungen ADS/ADHS hat man sich an den amerikanischen Sprachraum angeglichen

Mit den Abkürzungen ADS/ADHS hat man sich auch bei uns an den amerikanischen Sprachraum angeglichen. Außerdem entsprechen sie einer korrekteren Umschreibung dieser Störung.

ADHS – neu ist diese Störung nicht

Doch so modern auch die begriffliche Beschreibung von ADS/ADHS ist – neu ist diese Störung nicht. Zu jeder Zeit gab es Kinder, die für ihre Eltern und Erzieher eine besondere Herausforderung darstellten. Schon 1846 beschrieb der Frankfurter Nervenarzt Heinrich Hoffmann in seiner Geschichte vom Zappelphilipp das typische Verhalten eines hyperaktiven Kindes. Auch das Träumerle wurde vom gleichen Autor verewigt. Die Geschichte vom Hanns-Guck-in-die-Luft, einem Paradebeispiel für die Aufmerksamkeitsdefizit-Störung ohne Hyperaktivität, beschreibt Hoffmann ebenfalls in seinem berühmten Buch vom Struwwelpeter. Auch der böse Friederich, der ein gar so arger Wüterich war, entspricht mit seiner geringen Frustrationstoleranz und seinen Wutanfällen dem ADHS-Bild. Doch ob Zappelphilipp oder Hanns-Guck-in-die-Luft, nicht nur ein Blick in den Struwwelpeter, sondern in jeden beliebigen Kindergarten kann beweisen, dass

Zappelphilipp und Träumerle keine Fiktion aus einem Kinderbuch sind, sondern uns täglich auf den Straßen und Spielplätzen, in Schulen oder Kindergärten begegnen.

ADS kann ganz unterschiedlich ausgeprägt sein

In den folgenden Fallbeispielen werden zwei Kinder beschrieben, bei denen das Aufmerksamkeitsdefizit-Syndrom in unterschiedlicher Weise ausgeprägt ist. Noa hat ein Aufmerksamkeitsdefizit mit Hyperaktivität und passt perfekt in das Bild des Zappelphilipp. Annika leidet dagegen unter einem Aufmerksamkeitsdefizit ohne Hyperaktivität und gilt deswegen überall als Traumsuse. Beiden Kindern kann mit einer individuellen Behandlung geholfen werden. Ob sie homöopathisch behandelt werden (s. Seite 143), eine spezielle Diät (s. Seite 107) oder Nahrungsergänzung (s. Seite 123) benötigen oder eine Kombination aus diesen Möglichkeiten, muss nach einer gründlichen Untersuchung festgelegt werden.

Fallbeispiele

Noa und Florian, beide fünf Jahre, sind zwei aufgeweckte Jungen. Doch während es Florian schafft, in der Bauecke mit Geduld und Ausdauer wahre Wolkenkratzer zu errichten, hält Noa nie lange durch. Kaum hat er ein paar Bausteine übereinandergestapelt, zerstört er sein Kunstwerk wieder, beginnt etwas Neues oder kickt die Steine durch den Raum, tobt und treibt einen Unfug nach dem anderen. Dabei kommt es nicht selten vor, dass er dabei die Bauwerke der anderen zerstört. Spielt Noa mit den Bausteinen Fußball, bekommt sie schon mal jemand an den Kopf. Und dann gibt es Schimpfe, Strafen, böse Blicke – Noa ist mal wieder der Störenfried Nr. 1 in seiner Gruppe. Er ist der Böse, der Unruhestifter, mit dem es sich nicht in Ruhe spielen lässt. In dieser Rolle ist es sehr schwer, Freundschaften zu schließen.

Fallbeispiele

Annika ist sieben Jahre und gilt als ruhiges, angenehmes Kind. Wenn da nur diese Schusseligkeit nicht wäre. Was sollte sie nochmal für den Schulausflug morgen mitbringen? Und wo ist bloß der Schlüssel schon wieder? Außerdem gab es wieder einmal eine Standpauke von Mutti, weil sie zu spät von der Schule nach Hause gekommen ist. Wenn es doch aber immer so viel zu sehen gibt? Und dass die anderen Kinder in der Schule im Zeichnen immer schon ihre fertigen Kunstwerke vorführen, wenn sie noch vor einem leeren Blatt sitzt und nachdenkt, was sie wohl Schönes malen könnte, findet Annika ganz schrecklich. Mutti sagt immer, sie müsse sich mehr konzentrieren. Annika strengt sich wirklich sehr an, aber es will einfach nicht funktionieren.

Die Angaben über die Häufigkeit von ADHS/ADS variieren beträchtlich. Grund dafür kann eine mangelnde Präzision der zugrundegelegten Diagnosekriterien sein. Abhängig von der Studie und dem Kulturkreis, in dem sie durchgeführt wurde, wird eine Häufigkeit zwischen zwei Prozent und 9,5 Prozent angegeben. Die Mehrzahl der Studien liegt bei fünf Prozent. Dabei sind Jungen drei- bis neunmal häufiger betroffen als Mädchen. Vor allem beim Aufmerksamkeits-Defizit-Syndrom mit Hyperaktivität. Die Aufmerksamkeitsstörung ohne Hyperaktivität wird dagegen häufig nicht erkannt. ADS-Kinder sind ruhig und unauffällig. Wegen ihrer mangelnden Aufmerksamkeit und Konzentrationsfähigkeit erscheinen die Kinder als schusselig und verträumt. Deshalb muss man bei der Zahl von ADS-Fällen mit einer hohen Dunkelziffer rechnen.

Die Angaben über die Häufigkeit von ADS/ADHS variieren beträchtlich

Wenn man die Zahlen betrachtet, handelt es sich bei ADS/ADHS um eine sehr häufige Störung. Heute gehört sie zu einer der häufigsten Krankheitsbilder im Kindes- und Jugendalter. Man kann davon ausgehen, dass in jeder Schulklasse mindestens zwei Kinder betroffen sind. Gab es schon immer so viele Kinder, die darunter litten? Ist es eine Modeerkrankung? Ist es überhaupt eine Erkrankung oder nur ein Freibrief für unerzogene Kinder?

Bei ADS/ADHS handelt es sich um eine sehr häufige Störung

Obwohl es über ADS/ADHS mittlerweile viele wissenschaftlich fundierte Informationen gibt, werden diese Fragen noch immer heftig und durchaus kontrovers diskutiert und sind mitunter schwer zu beantworten.

Bei ADS/ADHS handelt es sich um ein Krankheitsbild, das jedoch nicht durch eine spezielle Ursache hervorgerufen wird

Ein Freibrief für unerzogene Kinder ist ADHS nicht, so viel steht fest. Bei ADS/ADHS handelt es sich um ein Krankheitsbild, das jedoch nicht durch eine spezielle Ursache hervorgerufen wird. Es müssen unterschiedliche Ursachen und auslösende Faktoren zusammenkommen, um das Krankheitsbild in seinen verschiedenen, immer sehr individuellen Ausprägungen zu formen. Dass ADS/ADHS heute so häufig diagnostiziert wird, kann unterschiedliche Ursachen haben. Einerseits wurden in den vergangenen Jahren die Diagnosekriterien verbessert und präzisiert, andererseits werden heutzutage sicherlich sehr viel mehr verhaltensauffällige Kinder untersucht als noch vor Jahren. Einige Wissenschaftler sehen auch in den veränderten gesellschaftlichen Bedingungen, in denen die Kinder heute aufwachsen, einen Grund, warum es heutzutage mehr ADHS-Kinder zu geben scheint als früher. Gerade in den industrialisierten Ländern haben sich die Lebensgewohnheiten deutlich verändert. Reizüberflutung, langes Stillsitzen in der Schule, am Computer oder beim Fernsehen und wenig körperlicher Ausgleich sind sicherlich Faktoren, die dazu beitragen, dass ADHS bei Kindern, die eine Veranlagung dazu haben, eher ausgelöst wird als früher.

Es scheint heutzutage mehr ADHS-Kinder zu geben als früher

Mediziner sind sich einig, dass die frühzeitige Diagnose und Behandlung der Aufmerksamkeitsstörung für die positive Entwicklung der Kinder sehr wichtig ist. Vor allem in den ersten Lebensjahren entwickeln Kinder ihre Fähigkeiten zur Selbststeuerung. ADHS-Kinder haben damit größere Probleme als andere Kinder. Sie sind leicht ablenkbar, was es für sie schwer macht, den Alltag zu meistern. Anziehen, Essen oder die Hausaufgaben zu erledigen, stellen für sie große Herausforderungen dar. Aufforderungen kommen sie oft nicht nach, weil sie diese gar nicht wahrgenommen haben. ADHS-Kinder reagieren nicht wie andere Kinder. Ihr Verhalten ist im Vergleich zu ihren Altersgenossen häufig auffällig und stößt aus diesem Grunde auf Unverständnis. Der Ärger ist geradezu vorprogrammiert, wenn Eltern, Erzieher oder Lehrer das Gefühl haben, dass Ermahnungen, gutes Zureden oder gar Strafen nicht fruchten. Auch unter Gleichaltrigen haben es ADHS-Kinder schwer, denn wenn jeder kleinste Konflikt mit dem Spielkameraden in einem Wutausbruch endet, wird es schwer, sich in der Gruppe zu integrieren und Freundschaften zu schließen. All diese Faktoren können dazu beitragen, dass die Kinder schon frühzeitig als notorische Störenfriede abgestempelt und in eine Außenseiterrolle gedrängt werden. Wenn die Erwachsenen dann noch das Gefühl haben, zum Kind nicht mehr durchzudringen, egal was sie auch versuchen, wird die Eltern-Kind-Beziehung immer schwieriger. Durch die Frustration auf der Seite der Eltern und dem Nicht-verstanden-Fühlen auf der Seite der Kinder kann sich eine Störung in der Eltern-Kind-Beziehung entwickeln und verfestigen. Spätestens an dieser Stelle geraten alle Beteiligten in einen Teufelskreis, der sich nur schwer durchbrechen lässt und die Probleme der Kinder verstärkt. Damit

ADHS-Kindern fällt es schwer, den Alltag zu meistern

Die Eltern-Kind-Beziehung ist großen Belastungen ausgesetzt

Für betroffene Kinder wichtig: gut informierte Eltern und Erzieher

es nicht so weit kommt, muss möglichst frühzeitig die Diagnose gestellt und mit einer Behandlung begonnen werden. Sensible, gut informierte Eltern und gut aus- und weitergebildete Erzieher und/ oder Lehrer können dem Kind eine weitestgehend normale Entwicklung ermöglichen, wenn sie aufmerksam sind und frühzeitig, aber besonnen reagieren.

Wie zeigt sich die Erkrankung?

Bei ADS/ADHS zeigen sich Störungen vor allem durch:

- Störung der **Aufmerksamkeit** und Konzentrationsfähigkeit
- körperliche Unruhe und starken Bewegungsdrang **(Hyperaktivität)**
- **impulsives** Verhalten

In den Leitlinien der Deutschen Gesellschaft für Sozialpädiatrie und Jugendmedizin wird ADHS folgendermaßen definiert:
»ADHS liegt vor, wenn unaufmerksames und impulsives Verhalten mit oder ohne deutliche Hyperaktivität ausgeprägt ist, nicht dem Alter und Entwicklungsstand entspricht und zu Störungen in den sozialen Bezugssystemen, der Wahrnehmung und im Leistungsbereich von Schule und Beruf führt.«

Dabei können drei ADHS-Typen unterschieden werden. Es gibt den vorwiegend unaufmerksamen ADHS-Typ, den vorwiegend hyperaktiv-impulsiven und den Mischtyp.

Es können drei ADHS-Typen unterschieden werden

Die Hyperaktivität lässt sich als überschießende motorische Aktivität und Ruhelosigkeit beschreiben. Sie kann weder durch Reglementierungen von außen noch durch den eigenen Willen dauerhaft beeinflusst werden. Die Impulsivität ist eine Tendenz zu spontanen Reaktionen. Ganz nach dem Motto: »Erst reden/handeln – dann denken«.

Die Aufmerksamkeit wird umgangssprachlich häufig mit der Konzentration gleichgesetzt. In der Psychologie wird die Aufmerksamkeit jedoch als ein sehr komplexes Geschehen beschrieben. Nach dem sogenannten Drei-Komponenten-Modell unterteilt sich die Aufmerksamkeit in Reaktionsbereitschaft, Selektivität und zentrale Verarbeitungskapazität. Ein für ADHS wichtiger Unterpunkt der Reaktionsbereitschaft ist die Daueraufmerksamkeit. Sie ermöglicht es dem Menschen, seine Aufmerksamkeit längerfristig aufrechtzuerhalten (zum Beispiel ein Qualitätskontrolleur am Fließband). Bei ADHS ist diese Daueraufmerksamkeit gestört. Außerdem liegt bei ADHS eine Störung der Selektivität vor, bei der Umweltreize automatisch oder bewusst gefiltert werden. In jedem Augenblick sieht, hört, riecht oder fühlt der Mensch etwas. Diese Eindrücke müssen ständig gefiltert werden, um ablenkende Einflüsse zu unterdrücken.

Bei ADHS ist u. a. die Daueraufmerksamkeit gestört

ADHS hat in verschiedenen Altersgruppen ein unterschiedliches Erscheinungsbild

Natürlich hat ADHS in verschiedenen Altersgruppen ein unterschiedliches Erscheinungsbild. Fachleute sind der Meinung, dass erst ab dem Alter von drei Jahren eine Abgrenzung von tatsächlichem hyperkinetischen Verhalten zu normalen Verhaltensvarianten möglich ist. Trotzdem gibt es ADHS-Kinder, die schon als Säuglinge auffällig waren. Sie werden häufig als unruhige Babys beschrieben, die ihren Eltern Probleme beim Schlafen oder Essen bereiteten. Manchmal handelt es sich auch um sogenannte Schreibabys, die ohne einen ersichtlichen Grund stundenlang schreien und sich durch nichts beruhigen lassen. Im Kleinkind- und Kindergartenalter fallen ADHS-Kinder dadurch auf, dass sie sich nicht lange auf ein Spiel konzentrieren können. Sie beginnen ständig Neues, ohne etwas zu Ende zu bringen. Die Kinder lassen sich durch Misserfolge schnell frustrieren und haben im Vergleich zu ihren Altersgenossen Schwierigkeiten mit der Fein- und Grobmotorik. Außerdem macht es ihnen ihr jähzorniges Verhalten oft schwer, dauerhafte Freundschaften zu schließen. Eltern und Erzieher haben häufig das Gefühl, mit dem Kind nicht mehr klarzukommen, da es Regeln und Grenzen nur schwer akzeptiert und auf Ermahnungen scheinbar nicht reagiert. Die Problematik verschärft sich meist dramatisch, wenn die Kinder in die Schule kommen. Sie können sich immer nur für eine kurze Zeit auf das Unterrichtsgeschehen konzentrieren, nehmen jede Ablenkung auf, reden dazwischen, spielen den Clown und behindern dabei die anderen und vor allem sich selbst

Symptome von ADHS im Kleinkind- und Kindergartenalter

beim Lernen. Auch ihre Defizite in der Motorik wirken sich jetzt stärker aus als bisher. Das berühmte Schönschreiben ist für sie eine schier unlösbare Aufgabe und im Sportunterricht fallen sie als kleine Tollpatsche auf. ADHS-Kinder können ihr Potenzial nicht nutzen und bleiben in vielen Fällen deutlich hinter ihrer eigenen Leistungsfähigkeit zurück. Wenn die Kinder dann in die Pubertät kommen, nehmen die ADHS-Symptome meist ab. Vor allem die Hyperaktivität tritt in den Hintergrund und wird von den Jugendlichen oft eher als ein Gefühl der inneren Unruhe und des Getriebenseins beschrieben. Was nicht selten bleibt, sind die schulischen Probleme. Auch das Auftreten aggressiver Verhaltensweisen ist möglich. Im schlimmsten Fall können diese Jugendlichen durch ihre Missachtung von sozialen Normen und Gewalttätigkeit mit dem Gesetz in Konflikt geraten. Auch Alkohol und Drogen können für diese Jugendlichen einen besonderen Reiz besitzen.

In der Pubertät nehmen die ADHS-Symptome meist ab

Jeder, der Kinder hat, kennt die mitunter nervenaufreibende Trotzphase der Kleinen oder die ähnlich anstrengende und erzieherisch anspruchsvolle Phase der Pubertät, in der mitunter ein beachtliches Konfliktpotenzial liegt. Das ist eine normale und notwendige Entwicklung. Wenn es auch schwer ist, sollten Eltern und Erzieher diesen Phasen mit Gelassenheit begegnen. Doch bevor trotziges, aufmüpfiges Verhalten als eine Störung des Sozialverhaltens bewertet werden kann, müssen einige

Kriterien erfüllt sein, die im Internationalen Klassifikationsschema ICD festgelegt sind. Beispiele hierfür können sein:

- häufiges Streiten mit Erwachsenen
- häufiger Beginn körperlicher Auseinandersetzungen
- für das Alter des Kindes ungewöhnlich häufige und schwere Wutausbrüche
- häufige Zurückweisung und Ablehnung von Wünschen und Vorschriften Erwachsener
- häufiges und beabsichtigtes Ärgern anderer

Auch Erwachsene können von ADHS betroffen sein

Obwohl man ADHS lange Zeit für eine Störung des Kindes- und Jugendalters gehalten hat, sind sich die Wissenschaftler jetzt einig, dass auch Erwachsene von ADHS betroffen sein können. Leider hat sich die Annahme, dass sich ADHS später auswächst, nicht bestätigt. Grundsätzlich gilt jedoch, dass die Störung nicht erst im Erwachsenenalter aufgetreten sein darf, sondern schon seit der Kindheit besteht. Die Ausprägung von ADHS ist im Erwachsenenalter jedoch sehr unterschiedlich. Es gibt Betroffene, die durch die Erkrankung nicht mehr eingeschränkt sind. Viele haben gelernt, gut mit ihren Beeinträchtigungen zu leben. Andererseits können typische ADHS-Eigenschaften sogar zu besonderem Erfolg führen. Gerade unter sehr erfolgreichen Sportlern findet man nicht selten ADHS-Betroffene, die ihren großen Bewegungsdrang dadurch ausleben können und ihn positiv nutzen. Eine weitere Eigenschaft ist die besondere Kreativität, die ADHS-Menschen oft auszeichnet. Aus diesem Grund kann man auch unter Künstlern häufig ADHS-Betroffene finden. Trotzdem gibt es viele, die auch als Erwachsene noch unter ihren ADH-Symptomen leiden. Das Chaos im Kopf bringt Chaos ins Leben. Die Betroffenen sind unstrukturiert, vergesslich und können schlecht vorausschauend planen, da sich ihr Denken und Handeln mehr auf das Hier und Jetzt als auf die Zukunft bezieht. Die Bewältigung des Alltags stellt für sie täglich eine große Herausforderung dar. Nur durch klare Regeln und Strukturen ist es ihnen möglich, im Berufs- und Familienleben zu bestehen.

Symptome bei Erwachsenen

Symptome bei Erwachsenen

- Probleme, einem Gespräch aufmerksam zu folgen
- Vergesslichkeit
- innere Unruhe
- schneller Wechsel der Gemütszustände (zwischen normaler Stimmung, Niedergeschlagenheit oder leichter Erregung)
- Probleme bei der Organisation von Terminen und Tagesabläufen
- Reizbarkeit

ADHS tritt nicht selten in Verbindung mit anderen Störungen auf. Fast jedes 4. Kind, das von ADHS betroffen ist, leidet an einer Angststörung. Die Angststörung zu erkennen, fällt nicht immer leicht, da die Symptomatik von ADHS oft im Vordergrund steht und die anderen Krankheitszeichen überdeckt. Es gibt Faktoren, die dazu beitragen können, eine Angststörung auszulösen. Dazu gehören für Kinder und Jugendliche so schwierige Situationen wie die Trennung der Eltern, Todesfälle oder Schul- und Versagensängste.

Depressive Störungen sind bei ADHS-Kindern leider nicht selten

Auch depressive Störungen sind leider nicht selten. Da ADHS-Kinder trotz größter Anstrengung oft Schulprobleme und Probleme im menschlichen Miteinander haben, ist es nicht selten, dass sie isoliert und sozial ausgegrenzt sind. Sie scheitern oft an ihren Aufgaben. In einer solchen Situation können sie kein gesundes Selbstwertgefühl entwickeln. Diese Tatsache begünstigt die Entstehung depressiver Störungen.

Auch Teilleistungsstörungen können in Verbindung mit ADHS auftreten. Die betroffenen Kinder haben dann in der Schule nicht nur mit ihrer mangelnden Konzentrationsfähigkeit zu kämpfen, sondern außerdem mit einer Lese- und/oder Rechtschreibschwäche oder Rechenschwäche.

Fast jedes 3. ADHS-Kind leidet zusätzlich zur ADHS-Symptomatik unter einer Tic-Störung. Zu den Tics zählen unwillkürliche, wiederholte Bewegungen wie beispielsweise Grimassen schneiden oder Blinzeln oder plötzliche, wiederholte Lautproduktion wie zum Beispiel häufiges, grundloses Räuspern.

ADHS-Kinder leiden häufig auch an sogenannten Begleitstörungen

Nach Angaben der Bundeszentrale für gesundheitliche Aufklärung leiden etwa zwei Drittel der ADHS-Kinder an sogenannten Begleitstörungen. In 50% der Fälle treten zusätzlich zu den ADHS-Symptomen Störungen des Sozialverhaltens auf. 20% bis 25% leiden unter Angststörungen, 10% bis 40% unter Depressionen, 30% unter Tic-Störungen und 10% bis 25% unter Teilleistungsstörungen.

Wenn Begleitstörungen festgestellt werden, müssen sie unbedingt, gesondert zum ADHS, behandelt werden. Bleiben sie unbehandelt, besteht die Gefahr, dass sie, selbst wenn sich die ADHS-Symptomatik bessert, bestehen bleiben.

Hat mein Kind ADHS?

ADHS-Check

Hat mein Kind ADHS?

- Die ADHS-Symptome müssen deutlich ausgeprägt sein.
- Die Symptome müssen im Vorschulalter begonnen haben.
- Sie dauern schon länger als ein halbes Jahr.
- Sie müssen in mehreren Lebensbereichen (z.B. Familie und Kindergarten) auftreten.
- Das Verhalten des Kindes weicht stark von dem Gleichaltriger ab.

Wie wird ADHS diagnostiziert?

Die Zahl der medikamentösen Behandlungen bei ADS/ADHS ist sprunghaft angestiegen

Auch wenn dieses Buch in erster Linie an Familien mit ADHS-Kindern gerichtet ist, bei denen bereits eine ausführliche und korrekte Diagnostik zu der abschließenden Diagnose ADS/ADHS geführt hat, so soll an dieser Stelle trotzdem noch einmal auf die Diagnostik dieser Störung eingegangen werden. In den vergangenen Jahren ist die Zahl der medikamentösen Behandlungen bei ADS/ADHS sprunghaft angestiegen. Wurden 1995 noch zwei Millionen Tagesdosen Methylphenidat verordnet, waren es 2003 schon 20 Millionen. Dafür kann nicht allein die Tatsache verantwortlich sein, dass heutzutage mehr verhaltensauffällige Kinder als vor Jahren untersucht werden. Besonders bedenklich erscheint die Zahl vor dem Hintergrund, dass selbst Verfechter der medikamentösen Behandlung von ADHS der Meinung sind, dass nur bei ADHS-Fällen mit ausgeprägter Hyperaktivität Psychostimulanzien eingesetzt werden sollen (s. Kapitel »Behandlungsansätze«, Schulmedizin S. 55). Bei den durchaus fließenden Übergängen von schwierigem zu krankhaftem Verhalten ist die Abgrenzung mit Sicherheit nicht leicht. Deshalb stehen den Ärzten zur Diagnostik und Behandlung von ADHS ganz klare Leitlinien zur Verfügung. Diese Leitlinien werden nach dem neuesten wissenschaftlichen Forschungsstand zusammengestellt und bieten den Ärzten eine einheitliche Orientierungshilfe für ihr Vorgehen. Diese einheitlichen Kriterien sollen die Kinder davor schützen, dass ihnen zu Unrecht der

Die Diagnose von ADHS ist nicht einfach, aber den Ärzten stehen klare Leitlinien zur Verfügung

ADHS-Stempel aufgedrückt wird. Doch leider kommt das in der Praxis immer wieder vor. Deshalb sollten sich Eltern genau über die Diagnosekriterien informieren, um das Vorgehen des Arztes besser einschätzen zu können. Mit der Diagnostik von ADS/ADHS sollten sich außerdem nur auf diesem Gebiet erfahrene Fachärzte befassen.

Die Diagnosekriterien sind im sogenannten ICD-10 festgelegt, einem Internationalen Klassifikationsschema der Weltgesundheitsorganisation und im DSM IV (Diagnostic and Statistical Manual of Mental Disorders) der Amerikanischen Psychiatrischen Vereinigung. Beide Klassifikationen sind nicht vollkommen identisch. Sie stimmen jedoch in grundsätzlichen Punkten überein.

Diagnosekriterien

Forschungskriterien des ICD-10 zur Eingrenzung des Aufmerksamkeitsdefizit- Hyperaktivitätssyndroms

G1. Unaufmerksamkeit

Mindestens sechs der folgenden Symptome von Unaufmerksamkeit bestanden mindestens sechs Monate lang in einem mit dem Entwicklungsstand des Kindes nicht zu vereinbarenden und unangemessenen Ausmaß. Die Kinder

1. sind häufig unaufmerksam gegenüber Details oder machen Flüchtigkeitsfehler bei den Schularbeiten und sonstigen Arbeiten oder Aktivitäten,

Diagnosekriterien

2. sind häufig nicht in der Lage, die Aufmerksamkeit bei Aufgaben und beim Spielen aufrechtzuerhalten,
3. hören häufig scheinbar nicht, was ihnen gesagt wird,
4. können oft Erklärungen nicht folgen oder ihre Schularbeiten, Aufgaben oder Pflichten am Arbeitsplatz nicht erfüllen (nicht wegen oppositionellen Verhaltens oder weil die Erklärungen nicht verstanden werden können),
5. sind häufig beeinträchtigt, wenn sie Aufgaben und Aktivitäten organisieren sollen,
6. vermeiden ungeliebte Aufgaben wie Hausaufgaben, die geistiges Durchhaltevermögen erfordern,
7. verlieren häufig Gegenstände, die für bestimmte Aufgaben oder Tätigkeiten wichtig sind, z.B. Unterrichtsmaterialien, Bleistifte, Bücher, Spielsachen und Werkzeuge,
8. werden leicht von externen Stimuli abgelenkt,
9. sind im Verlauf von alltäglichen Aktivitäten oft vergesslich.

G2. Überaktivität

Mindestens drei der folgenden Symptome von Überaktivität bestanden mindestens sechs Monate lang in einem mit dem Entwicklungsstand des Kindes nicht zu vereinbarenden und unangemessenen Ausmaß. Die Kinder

1. zappeln häufig mit Händen und Füßen oder winden sich auf ihrem Sitz,
2. verlassen ihren Platz im Klassenraum oder in anderen Situationen, in denen Sitzenbleiben erwartet wird,
3. laufen häufig herum oder klettern exzessiv in Situationen, in denen dies unpassend ist (bei Jugendlichen und Erwachsenen entspricht dem nur ein Unruhegefühl),
4. sie sind häufig unnötig laut beim Spielen oder haben Schwierigkeiten, sich ruhig mit Freizeitbeschäftigungen zu befassen,
5. zeigen ein anhaltendes Muster exzessiver motorischer Aktivitäten, die durch die soziale Umgebung oder Vorschriften nicht durchgreifend zu beeinflussen sind.

Diagnosekriterien

G3. Impulsivität

Mindestens eines der folgenden Symptome von Impulsivität bestanden mindestens sechs Monate lang in einem mit dem Entwicklungsstand des Kindes nicht zu vereinbarenden und unangemessenen Ausmaß. Die Kinder

1. platzen häufig mit Antworten heraus, bevor die Fragen zu Ende gestellt sind,
2. können häufig weder in einer Reihe noch beim Spielen oder in Gruppensituationen warten, bis sie an die Reihe kommen,
3. unterbrechen und stören andere häufig (mischen sich z.B. ins Gespräch oder Spiel anderer ein),

Diagnosekriterien

4. reden häufig exzessiv, ohne angemessen auf soziale Beschränkungen zu reagieren.

G4. Beginn der Störung

Die Symptome beginnen vor dem siebten Lebensjahr.

G5. Symptomausprägung

Die Kriterien sollten in mehr als einer Situation erfüllt sein. Die Kombination der Symptome von Unaufmerksamkeit sollte sowohl zu Hause als auch in der Schule bestehen, oder in der Schule und an einem anderen Ort, wo die Kinder beobachtet werden können, z.B. in der Klinik. Der Nachweis situationsübergreifender Symptome erfordert normalerweise Informationen aus mehr als einer Quelle. Elternberichte über das Verhalten des Kindes im Klassenzimmer sind nur Informationen aus zweiter Hand und aus diesem Grunde unzureichend.

G6. Störungsfolgen

Die Symptome von G1 bis G3 verursachen einen erheblichen Leidensdruck oder beeinträchtigen die soziale, schulische oder berufliche Funktionsfähigkeit.

G7. Ausschluss

Die Störung erfüllt nicht die Kriterien für eine tiefgreifende Entwicklungsstörung, eine manische Episode, eine depressive Episode oder eine Angststörung.

Bei der Diagnose von ADHS ist es auch wichtig, andere Erkrankungen auszuschließen

Doch all das ist noch immer nicht ausreichend, um sicher die Diagnose ADS/ADHS stellen zu können. Bevor das möglich ist, muss sicher sein, dass keine andere Erkrankung die störenden Symptome hervorruft. Dazu muss das Kind gründlich untersucht werden. Körpergröße, Gewicht, Pulsfrequenz und Blutdruck werden bestimmt. Auch Laboruntersuchungen sind notwendig. Hierbei wird das Blutbild untersucht und es werden Elektrolyte, Leberwerte, Schilddrüsen- und Nierenfunktionswerte und der Blutzucker bestimmt. Auf diese Weise kann der behandelnde Arzt Herz-Kreislauf-Erkrankungen und Stoffwechselursachen und hormonelle Auslöser für die Verhaltensauffälligkeiten ausschließen. Auch die Aufzeichnung der Hirnströme mithilfe eines EEG (**E**lektro**e**ncephalo**g**ramm) ist sinnvoll, um eine hirnorganische Erkrankung wie die Epilepsie auszuschließen. Außerdem ist es sinnvoll, auch das Seh- und Hörvermögen der Kinder zu testen. Denn schlechtes Sehen oder Hören kann das Verhalten von Kindern deutlich beeinträchtigen. Gerade kleine Kinder kompensieren solche Beeinträchtigungen oft über lange Zeit, ohne dass es ihren Eltern auffällt. Das ist verständlich, wenn man bedenkt, dass diese Kinder ihr eingeschränktes Seh- oder Hörvermögen als völlig normal empfinden, da sie es von klein auf nicht anders gewohnt waren.

Es gibt auch andere Ursachen für ein auffälliges Verhalten

Natürlich kommen noch andere mögliche Ursachen für ein auffälliges Verhalten in Betracht. Besondere Lebenssituationen können Kinder aus der Bahn werfen. Trennung der Eltern, Todesfälle und Orts- oder Schulwechsel stellen für viele eine enorme Belastung dar. Kinder sind mit diesen Situationen häufig überfordert und brauchen Hilfe und liebevolle Unterstützung, um solche Lebensphasen zu meistern. Nicht immer können Eltern ihre Hilfe in ausreichendem Maße anbieten. Dann reagieren die Kinder oftmals mit Rückzug, Unkonzentriertheit, Stimmungsschwankungen oder widerspenstigem Verhalten. Auffallend ist, dass sich, im Gegensatz zu ADHS, zwischen dem veränderten Verhalten der Kinder und einem Ereignis ein Zusammenhang herstellen lässt. Dem Kind wird es wieder besser gehen, wenn es mithilfe von Eltern, Erziehern oder auch psychologischer Unterstützung seine Probleme bewältigen kann.

Auch die Schule kann ein Problem darstellen. Über- oder Unterforderung frustrieren die Kinder. Und genau diese Frustration bringen sie mit ihrem Verhalten deutlich zum Ausdruck. Wer kennt sie nicht, die kleinen Störenfriede, die jede Klasse hat. Da gibt es zum Beispiel Paul. Auf den ersten Blick ist er ein netter kleiner Filou. Doch beobachtet man ihn eine Weile, bekommt man einen ganz anderen Eindruck. Ein ungestörter Unterricht ist nicht möglich. Wenn die Lehrerin eine Frage stellt, hüpft Paul ungeduldig auf seinem Stuhl herum und noch bevor die Lehrerin jemanden aufrufen kann, platzt er mit der Antwort heraus. Und so geht das ständig. Wenn die Kinder dann still an einem Arbeitsblatt arbeiten sollen, schafft er es nicht, sein permanentes Mitteilungsbedürfnis für ein paar Minuten zu bremsen. Dabei stört er seine Klassenkameraden und handelt sich eine Rüge nach der anderen ein. In der Klasse gibt es aber nicht nur Paul, der seine Lehrerin vor eine große Geduldsprobe stellt. Da ist auch noch Manuel. Er hat Probleme mit dem Lesen und Schreiben. Es will einfach nicht so klappen, obwohl er sich doch anstrengt. Er kann es schon, braucht aber viel länger dafür als seine Mitschüler. Das ärgert ihn natürlich und manchmal schämt er sich dafür. Damit er trotzdem Beachtung und Anerkennung von seinen Klassenkameraden erfährt, hat er eine Alternative gefunden – er spielt den Klassenclown. Und das kann niemand so gut wie er. Paul und Manuel sind zwei Beispiele, wie sie jede Grundschullehrerin sofort nennen könnte. Beide Kinder verhalten sich auffällig, sind unruhig und stören den Unterricht. Paul, weil er völlig unterfordert ist und Manuel, weil es ihm viel zu schnell geht und ihm alles über den Kopf wächst. Beiden Kindern kann geholfen werden, indem man mithilfe von psychologischen Tests ihre intellektuellen Fähigkeiten bestimmt. Danach kann entschieden werden, welche besondere Förderung sinnvoll wäre oder ob ein Schulwechsel notwendig ist.

Auffälliges Verhalten in der Schule kann auch in Unter- oder Überforderung begründet sein

Da es sich bei ADHS nicht wie mit einem einfachen Schnupfen verhält, bei dem die rote Triefnase jedem auf den ersten Blick verrät, dass man gerade erkältet ist, kann die Diagnose nicht immer leicht gestellt werden. Fließende Übergänge von auffälligem Verhalten bis zu einer Verhaltensweise, die Krankheitswert besitzt, erschweren die Diagnostik ungemein. Da es auch andere Ursachen für auffällige Verhaltensweisen gibt, muss man beispielsweise bei Jugendlichen auch an Auslöser wie Alkohol, Drogen oder Medikamente denken. Ebenso kann einfach ein chronischer Schlafmangel zu auffälligen Störungen im Verhalten führen. Bei kleineren Kindern dagegen sollte man auf keinen Fall eine entwicklungsbedingte Hyperaktivität mit ADHS verwechseln. Gerade im Kleinkind- und Vorschulalter testen Kinder ihre Grenzen aus. Das kann von Kind zu Kind sehr unterschiedliche Ausmaße annehmen. Bei einigen nimmt ihr Aktivitätslevel sicherlich besonders extrem zu. Sie sind Hans-Dampf in allen Gassen. Nichts ist vor ihnen sicher. Kein Klettergerüst ist zu hoch, kein Spielplatz groß genug. Nichts ist für sie schöner als Rennen, Klettern, Toben. In der Wohnung ist es mit ihnen kaum auszuhalten. Die einzige Rettung ist: »Raus an die frische Luft – bei jedem Wetter«. Dieser Bewegungsdrang stellt die Toleranz ihrer Umwelt mitunter auf eine harte Probe. Außerdem lernen Kinder in diesem Alter, mit Frustration umzugehen. Dabei gibt es schon mal kleinere Krisen. Wutanfälle, bei denen sich besonders temperamentvolle Exemplare ans Bein der Mutter krallen

Bei kleinen Kindern eine entwicklungsbedingte Hyperaktivität nicht mit ADHS verwechseln

oder sich auf dem Boden wälzen, kommen dabei schon mal vor. Doch egal, wie aktiv die Kleinen in dieser Zeit auch sind, so handelt es sich doch um eine Entwicklungsphase und keine Krankheit. Gerade an diesem Punkt muss man aber auch die Frage nach der veränderten Akzeptanz von Kindern in unserer Gesellschaft stellen. Wird ein normaler oder etwas gesteigerter kindlicher Bewegungs- und Mitteilungsdrang heute in vielen Bereichen von der Umwelt vielleicht schneller als störend empfunden? Oder werden den Kindern von ihren Eltern, denen in Erziehungsfragen nach Autoritäts- und Antiautoritätsära die Vorbilder fehlen und die manchmal nicht wirklich den goldenen Mittelweg in der Erziehung finden, einfach zu wenig Grenzen gesetzt? Sicherlich steckt in jeder dieser Thesen ein Quäntchen Wahrheit. Das ändert jedoch nichts daran, dass diese entwicklungsbedingte, hyperaktive Phase mancher Kinder oder Verhaltensauffälligkeiten aufgrund überforderter Eltern auf keinen Fall mit ADHS verwechselt werden dürfen. Wäre das der Fall, hätte eine unnötige, medikamentöse Behandlung mit Methylphenidat fatale Folgen für das Kind. Die Praxis zeigt jedoch, dass solche Fälle leider vorkommen.

Kinder in einer hyperaktiven Phase werden leider manchmal unnötig medikamentös behandelt

Seit 2003 existieren in Deutschland auch Leitlinien für die Diagnostik von ADHS bei Erwachsenen. Sie wurden von einem Expertenkomitee erarbeitet und von der Deutschen Gesellschaft für Psychiatrie, Psychotherapie und Nervenheilkunde (DGPPN) herausgegeben.

Bei Erwachsenen wichtig: ein ausführliches Interview zur Diagnosestellung ADHS

Bei Erwachsenen steht die Hyperaktivität als Symptom des ADHS häufig nicht mehr so stark im Vordergrund wie bei Kindern. Sie leiden eher unter innerer Unruhe, Unkonzentriertheit, sind unorganisiert und rastlos. Deshalb ist es wichtig, den zeitlichen Verlauf aller Auffälligkeiten besonders zu beachten. Um die Diagnose ADHS bei Erwachsenen stellen zu können, müssen sich charakteristische Symptome von der Kindheit bis in das Erwachsenenalter erstrecken. Bei Erwachsenen wird die Diagnose ADHS gestellt, indem der Arzt mit dem Betroffenen ein ausführliches Interview führt. Dabei interessieren ihn aktuelle und frühere ADHS-Symptome, die schulische und berufliche Entwicklung und mögliche ADHS-Erkrankungen in der Familie. Außerdem wird der Arzt untersuchen, ob noch andere Krankheiten oder psychische Störungen vorliegen. Dazu gehören unter anderem Tic-, Schlaf- und Teilleistungsstörungen oder Depressionen. Es sollte auch ausgeschlossen werden, dass eine Schilddrüsenerkrankung, ein Anfallsleiden (Epilepsie) oder ein Schlafapnoe-Syndrom besteht. Außerdem muss der Arzt herausfinden, ob eine Suchterkrankung die bestehenden Störungen hervorruft. Da es in den Diagnosesystemen ICD-10 und DSM-IV keine konkreten Diagnosekriterien für Erwachsene gibt, können sie nur abgewandelt verwendet werden. Zusätzlich kann der Arzt die sogenannten Wender-Utah-Kriterien, die speziell für die Anwendung bei Erwachsenen formuliert wurden, einsetzen.

Wender-Utah-Kriterien der Aufmerksamkeitsdefizit-/Hyperaktivitätsstörung im Erwachsenenalter

Aufmerksamkeitsstörung

- kann Gesprächen nicht aufmerksam folgen
- erhöhte Ablenkbarkeit
- Vergesslichkeit
- kann sich schlecht auf schriftliche Dinge oder Aufgaben konzentrieren
- verliert oder verlegt häufig Gegenstände

Motorische Hyperaktivität

- innere Unruhe
- Nervosität
- kann sich nicht entspannen
- kann keine sitzende Tätigkeit durchhalten (z.B. einen Film anschauen, Zeitung lesen)

Affektlabilität

- Wechsel zwischen normaler und niedergeschlagener Stimmung
- niedergeschlagene Stimmung wird häufig als Langeweile oder Unzufriedenheit beschrieben
- Stimmungswechsel dauern Stunden bis Tage
- im Gegensatz zur Depression finden sich kein ausgeprägter Interessenverlust oder körperliche Begleiterscheinungen
- Stimmungswechsel sind meist Folge eines Ereignisses

Diagnosekriterien für ADHS im Erwachsenenalter

Diagnosekriterien für ADHS im Erwachsenenalter

Desorganisiertes Verhalten

- Aktivitäten werden unzureichend geplant und organisiert
- Desorganisation bei der Arbeit, der Haushaltsführung oder bei schulischen Aufgaben
- Aufgaben werden nicht zu Ende gebracht
- planloser Wechsel von einer Aufgabe zur nächsten
- unsystematische Problemlösungsstrategie
- Schwierigkeiten, Zeitpläne oder Termine einzuhalten

Affektkontrolle

- Reizbarkeit, auch aus geringem Anlass
- verminderte Frustrationstoleranz
- Wutausbrüche

Impulsivität

- Dazwischenreden
- Ungeduld
- kann Handlungen nicht im Verlauf verzögern, ohne sich dabei unwohl zu fühlen

Emotionale Überreagibilität

- kann nicht mit alltäglichen Stressoren umgehen, sondern reagiert überschießend oder ängstlich
- fühlt sich schnell belästigt oder gestresst

ADHS als Chance begreifen

Die Diagnose ADHS verursacht bei Eltern nicht selten ein Wechselbad der Gefühle

Die Diagnose ADHS verursacht bei Eltern nicht selten ein Wechselbad der Gefühle. Einerseits sind sie erleichtert, denn jetzt hat das auffällige Verhalten ihres Kindes einen Namen. Sie besitzen schwarz auf weiß die Bestätigung dafür, dass sie nicht auf ganzer Linie in ihrer Erziehung versagt haben, sondern dass andere Gründe für das auffällige Verhalten ihres Kindes verantwortlich sind. Gleichzeitig ist die Diagnose ADHS für sie jedoch mit Ängsten und Sorgen verbunden. Die Eltern machen sich Gedanken um die Zukunft ihrer Kinder, denn Eigenschaften wie mangelnde Aufmerksamkeit, mangelnde Impulskontrolle, gesteigerter Bewegungsdrang oder geringe Frustrationstoleranz werden allgemein nicht unbedingt als geeignete Voraussetzungen für ein erfülltes, erfolgreiches, glückliches Leben angesehen. Doch genau das wünschen sich wohl alle Eltern für ihre Kinder. Stattdessen fürchten sie Ausgrenzung und Misserfolg.

Zweifellos bringt ADHS eine Menge Probleme mit sich – aber es gibt auch Positives

Zweifellos bringt ADHS eine Menge Probleme mit sich. Doch gerade deswegen ist es wichtig, neben allen Schattenseiten auch die positiven Eigenschaften dieser Störung besonders hervorzuheben. So verfügen Betroffene nicht selten über eine schier unerschöpfliche Energie. Sie sind risikobereit, häufig sehr kreativ und können sich gut in andere Menschen einfühlen (Empathie). Sie sind die Erfinder, die Macher, die kreativen Köpfe – immer einsatzbereit und voller Tatendrang. Durch eine strikte

Selbstorganisation können diese Talente zur Geltung kommen.

In der Geschichte, aber auch in der Gegenwart gibt es viele eindrucksvolle Beispiele, wie manche Biografien von Betroffenen gerade durch diese besonderen Eigenschaften geprägt wurden. Unter anderem wird vermutet, dass so berühmte Politiker wie Benjamin Franklin und Winston Churchill an ADHS litten. Häufig genannt und besonders beispielhaft ist in diesem Zusammenhang auch Wolfgang Amadeus Mozart. Er war unbestritten eine hochkreative, besonders intelligente, impulsive und chaotische Persönlichkeit, die durch ihre besonderen Eigenschaften und Talente der Nachwelt ein geniales musikalisches Werk hinterlassen hat. Natürlich lässt sich allein aus einer Biografie keine seriöse Diagnose stellen, doch angesichts dieser ausgeprägten Eigenschaften Mozarts liegt der Verdacht eines ADHS doch sehr nahe.

Bei verschiedenen berühmten Persönlichkeiten wird ein ADHS vermutet

Auch das Persönlichkeitsprofil des britischen Milliardärs Richard Branson passt in das ADHS-Bild. Als Kind lernte er erst mit etwa acht Jahren richtig lesen. Später galt er als Draufgänger, der keine Regeln kannte. Wenn man bedenkt, dass er mit 23 Jahren seine ersten Millionen machte, scheinen sein Mut und Draufgängertum im Geschäftsleben durchaus von Vorteil gewesen zu sein.

ADHS-Betroffene befinden sich also in bester Gesellschaft. Diese Beispiele machen Mut. Sie zeigen, dass die Kinder bei allen Nachteilen und Problemen, die ADHS zweifellos mit sich bringt, auch über besondere Talente verfügen. Es tut gut, ADHS auch als Chance zu begreifen.

Was verursacht ADHS?

ADHS ist ein komplexes Krankheitsbild

ADHS ist ein komplexes Krankheitsbild. Obwohl heute schon einige Ursachen, Risikofaktoren und Krankheitsauslöser bekannt sind, konnte die Wissenschaft dieser Störung noch nicht bis ins Detail auf den Grund gehen. Es scheint, dass viele unterschiedliche Faktoren zusammentreffen müssen, damit die Erkrankung ausbricht.

ADHS – eine genetisch bedingte Störung?

Wissenschaftliche Modelle konzentrieren sich derzeit hauptsächlich darauf, die Erkrankung mit einer genetisch bedingten Störung im Transmittersystem des Gehirns zu erklären. Transmitter sind wichtige Botenstoffe im Gehirn, die notwendig sind, damit Signale von einer Nervenzelle zur anderen übertragen werden können. Diese Signalübertragung findet an den Synapsen statt. Synapsen sind die Kontaktstellen zwischen den Nervenzellen. Damit ein Reiz von einer Zelle zur anderen weitergeleitet werden kann, wird aus der Synapse einer Zelle ein Botenstoff ausgeschüttet. Dieser Botenstoff wandert dann durch den synaptischen Spalt zur gegenüberliegenden Synapse und dockt dort an bestimmte, dafür vorgesehene Stellen (Rezeptoren) an. Die Zielzelle wird daraufhin erregt und gibt das Signal ihrerseits auf die gleiche Weise an die nächste Zelle weiter. Im Gehirn gibt es verschiedene Botenstoffe. Im Zusammenhang mit ADHS scheinen Dopamin, Noradrenalin und Serotonin eine besondere Bedeutung zu haben. Die Aufgabe dieser Botenstoffe ist es, Reize in unterschiedliche Regionen des Gehirns weiterzuleiten. Ist diese Übertragung gestört, wird der Reiz fehlerhaft verarbeitet und es erfolgt eine fehlerhafte Reaktion auf das Signal. Jeder Botenstoff ist für eine bestimmte Hirnregion verantwortlich. Bei einem Ungleichgewicht der Botenstoffe ist das Chaos im Kopf vorprogrammiert. Abhängig davon, welcher Botenstoffkreislauf stärker betroffen ist, prägt sich das ADHS-Bild mit unterschiedlichen Schwerpunkten aus. So vermindert der Noradrenalin-Mangel besonders die Aufmerksamkeit, Dopamin-Mangel führt zu Hyperaktivität und Koordinationsschwierigkeiten und der Serotonin-Mangel setzt die Frustrationsgrenze herab und kann zu depressiven Verstimmungen und Ängsten führen.

Wissenschaftliche Studien der vergangenen Jahre belegen bis zu einem gewissen Grad dieses Erklärungsmodell. Dass den Genen bei der Erkrankung eine maßgebliche Bedeutung zukommt, bestätigen auch die Resultate verschiedenster Zwillingsstudien bei ein- und zweieiigen Zwillingen. War bei eineiigen Zwillingen ein Kind an ADHS erkrankt, hatte das andere Zwillingskind mit neunzigprozentiger Wahrscheinlichkeit ebenfalls ADHS. Bei zweieiigen Zwillingen, bei denen das Erbgut nur noch zu 25 Prozent übereinstimmt, betrug die Wahrscheinlichkeit, dass beide Kinder an ADHS erkranken, immer noch 32 bis 50 Prozent. Allerdings scheint nicht nur ein einzelnes Gen für die Entstehung von

Dass den Genen bei der Erkrankung eine maßgebliche Bedeutung zukommt, bestätigen auch Zwillingsstudien

ADHS verantwortlich zu sein. Bisher konnten vor allem am sogenannten Dopaminresponder-Gen und bei dem D2- und D4-Dopaminrezeptor-Gen Veränderungen gefunden werden.

Nicht bei jedem, der die Veranlagung für ADHS ererbt hat, muss die Erkrankung ausbrechen

Doch nicht bei jedem, der die Veranlagung für ADHS ererbt hat, muss die Erkrankung ausbrechen. Auch wenn die Gene eine nachweisbare Rolle im ADHS-Geschehen spielen, darf man andere Ursachen nicht außer Acht lassen. Geburtskomplikationen, bei denen das kindliche Gehirn geschädigt wird, stellen dabei ein Risiko für eine spätere ADHS-Erkrankung dar. So kann es während einer sehr lang andauernden oder auch einer besonders schnellen und heftigen Entbindung beim Säugling zu Sauerstoffmangel oder Gehirnblutungen kommen. Auch Saugglocken- oder Zangenentbindungen stellen ein Risiko dar, weil die mechanische Belastung am weichen, kindlichen Schädel zu kleinsten Schädigungen führen kann, die bei einer Untersuchung nach der Geburt gar nicht auffallen. Frühgeborene besitzen ebenso ein besonderes Risiko für Hirnblutungen, da ihr Gefäßsystem noch nicht ausgereift ist. Außerdem können Alkohol und Rauchen während der Schwangerschaft oder Infektionen im Mutterleib eine Schädigung des kindlichen Gehirns verursachen. Da hier konkrete Schädigungen eines Organs, des Gehirns, Verhaltensauffälligkeiten zur Folge haben, entsprechen sie einem psychoorganischen Syndrom (POS) – einem Begriff, der zum Teil noch immer mit ADHS gleichgesetzt wird. Er ist allerdings nur für einen Teil der ADHS-Betroffenen zutreffend.

Geburtskomplikationen stellen auch ein Risiko für ADHS dar

Außerdem haben viele Studien bestätigt, dass Umweltgifte, Nährstoffdefizite oder Nahrungsmittelallergien oder -unverträglichkeiten das Aufmerksamkeitsdefizitsyndrom auslösen oder verstärken können. In Zeiten von Umweltverschmutzung und Fastfood hat der kindliche Körper schon einiges zu verkraften. Abgase, Weichmacher, Pestizide im Teppich, Glutamat und Zusatzstoffe aller Art im Essen treffen auf einen noch unreifen, kindlichen Organismus, der diese geballte Ladung Zivilisationsmüll nur schwer verdauen kann.

Auch psychosoziale Faktoren dürfen bei ADHS nicht vernachlässigt werden

Neben all den genannten biologischen Faktoren, die sich auf die Entstehung und Ausprägung von ADHS auswirken können, muss auch die Bedeutung der psychosozialen Faktoren für die Erkrankung hervorgehoben werden. Störungen in diesem Bereich können zur Folge haben, dass eine ADHS-Veranlagung nicht mehr kompensiert werden kann und als Erkrankung in Erscheinung tritt. Ein gestörtes Mutter-Kind-Verhältnis, mangelnde Aufmerksamkeit gegenüber dem Kind, Probleme in der Familie oder der Schule wirken sich ungünstig auf die Entwicklung des Kindes und auf seine Fähigkeit, eine bestehende Veranlagung zu ADHS zu kompensieren, aus.

Die Gene können nicht verändert werden. Wer die Veranlagung zu ADHS geerbt hat, muss damit leben. Doch das heißt nicht, dass gegen ADHS kein Kraut gewachsen ist. Denn es gibt immer Faktoren, die den Ausbruch der Erkrankung verursachen. Und hier muss eine effektive Therapie ansetzen. Da sich Ursachen und auslösende Faktoren von Fall zu

Fall deutlich unterscheiden, kann es für ADHS keine Einheitsbehandlung geben. Bei jedem Betroffenen muss nach den individuellen Ursachen, Auslösern und verschlechternden Faktoren gefahndet werden. Nur so ist eine wirksame Behandlung möglich. Dabei ist besonders wichtig, dass die Therapie möglichst frei von Nebenwirkungen ist. Schließlich soll der Teufel nicht mit dem Beelzebub ausgetrieben werden. Gerade in diesem Punkt unterscheiden sich die verschiedenen Therapieansätze zum Teil deutlich voneinander.

Die konventionelle Therapie besteht heute aus verschiedenen Bausteinen

Die konventionelle Therapie besteht heute aus verschiedenen Bausteinen. Einen davon bildet die Behandlung mit Psychostimulanzien. Am bekanntesten davon dürfte das Präparat Ritalin® sein. Zweifellos werden Kinder während einer Therapie mit Psychostimulanzien ruhiger und das Zusammenleben mit ihnen wird einfacher. Doch die möglichen Nebenwirkungen und die ungenügend erforschten Risiken der Langzeitbehandlung mit diesen Medikamenten sollten immer ein Grund sein, sehr genau abzuwägen, wann diese Medikamente unumgänglich sind und wie lange sie verabreicht werden müssen.

Die Homöopathie, eine über 200 Jahre alte Erfahrungsheilkunde, bietet hingegen dem Körper Hilfe zur Selbsthilfe. Ihr Ziel ist es, dass es der Körper schafft, aus eigener Kraft wieder in ein Gleichgewicht zu kommen. Auch wenn die Homöopathie nach über 200 Jahren Erfahrung und nachweislichen Erfolgen heute noch immer angefeindet wird, kommen selbst Kritiker nicht umhin zuzugeben, dass gerade in jüngster Zeit Studien, die auch nach schulmedizinischen Kriterien wissenschaftlichen Standards entsprechen, beweisen konnten, dass die Homöopathie bei ADHS hilfreich ist (s. »Wie wirkt die Homöopathie?«, S. 139).

Nährstoffdefizite beheben

Bestehen bei ADHS-Kindern Nährstoffdefizite, können diese durch eine geeignete Ernährung oder zusätzliche Nahrungsergänzungsmittel behoben werden (s. Ernährung, S. 94, Nährstofftherapie, S. 123). Auch bei Nahrungsmittelallergien oder -unverträglichkeiten kann durch eine geeignete, allergenfreie Ernährung die Erkrankung gebessert oder behoben werden. Um herauszufinden, welche Nahrungsmittel den Körper aus dem Gleichgewicht bringen, muss unter professioneller Anleitung eine oligoantigene Diät durchgeführt werden (s. Kapitel oligoantigene Diät, S. 107).

Nach Allergien und Unverträglichkeiten forschen

Neben versteckten Allergien, Unverträglichkeiten oder Umweltgiften als ADHS-Auslöser muss bei der Ursachenforschung auch an eine Dysbiose des Darms gedacht werden. Bei der Dysbiose des Darms besteht ein Ungleichgewicht zwischen nützlichen und schädlichen Bakterien im Darm. Der Darm ist die größte Kontaktfläche des menschlichen Organismus zur Außenwelt. Er stellt eine natürliche Barriere dar und schützt den Menschen davor, dass schädliche Mikroorganismen oder Schadstoffe in den Körper eindringen können. Wenn schädliche Bakterien den Darm besiedeln und sich zu stark vermehren, ist diese wichtige Schutzfunktion vermindert. Allergene haben dadurch freie Bahn, in den Körper einzudringen. Aber auch die schädlichen Stoffwechselprodukte der Mikroorganismen können in den Körper gelangen und dort ihre unheilvolle Wirkung entfalten.

Eine gesunde Darmflora ist wichtig

Eine Stuhlprobe kann Aufschluss darüber geben, mit welchen Bakterien der Darm besiedelt ist. Wenn eine unausgewogene Darmflora besteht, kann mit einer Symbioselenkung wieder das Gleichgewicht hergestellt werden. Dabei werden die schädlichen Bakterien verdrängt. Mithilfe von Präparaten, die lebende und abgetötete Bakterienkulturen enthalten, wird wieder eine gesunde Darmflora aufgebaut. Diese Darmsanierung kann mehrere Monate dauern.

Behandlungsansätze

Hierin sind sich alle einig: ADHS muss unbedingt behandelt werden

In einem Punkt sind sich wohl alle einig, die sich mit dem Thema ADS/ADHS beschäftigen – abhängig von der Ausprägung und der Beeinträchtigung durch die Verhaltensstörung muss ADS/ADHS unbedingt behandelt werden. Andernfalls kann das für die Entwicklung und Zukunft der Kinder weitreichende, negative Folgen haben. Schon bei jüngeren Kindern kann das hyperaktive, impulsive Verhalten dazu führen, dass sie aus ihrer sozialen Gemeinschaft ausgegrenzt werden. Bereits im Kindergarten möchte keiner mit ihnen spielen oder sie werden nicht zu Geburtstagsfeiern eingeladen. Kinder sind im Umgang miteinander sehr ehrlich, aber auch hart. Wenn ein Spielkamerad im Kindergarten ständig nur stört, schlägt oder bei jeder Kleinigkeit wütend schreit, dann werden die anderen ganz klar das Signal setzen: »Mit dir möchten wir nicht spielen.« Die Kinder lernen nicht, Freundschaften zu schließen und zu pflegen. Diese Situation macht es ihnen verständlicherweise nicht gerade leicht, ein gesundes Selbstbewusstsein zu entwickeln. Die Erfahrungen der sozialen Ablehnung wirken bei den Kindern sehr nachhaltig und können ihr Leben bis ins Erwachsenenalter hinein beeinflussen. Auch die ständigen Ermahnungen und Strafen verzwei-

Ein unbehandeltes ADHS kann schlimme Folgen haben

felter und überforderter Eltern und Erzieher helfen dem ADHS-Kind nicht, sich besser zu integrieren und selbst zu steuern, sondern legen den Grundstein für Frustration und Verweigerung. Folgen sind häufig Schulversagen oder berufliches Scheitern, zwischenmenschliche Probleme und schlimmstenfalls der soziale Abstieg. Auch die gesamte Familie der ADHS-Kinder ist von dieser Störung betroffen. Der tägliche Kampf um Kleinigkeiten des Alltags wie Anziehen, Waschen, das gemeinsame Essen oder Hausaufgaben zermürbt alle. Jeden Tag von Neuem. Doch nicht nur die ständige Auseinandersetzung mit dem ADHS-Kind belastet die Familien. Oft kommt es auch zwischen den Eltern zu Streit über Erziehungsfragen oder sie werden von Schuldgefühlen belastet, in der Erziehung versagt zu haben. Die Scheidungsrate bei Familien mit einem ADHS-Kind liegt drei- bis fünfmal höher als bei der übrigen Bevölkerung. Auch die Geschwisterkinder haben es nicht leicht. Sie müssen sich meist mit viel weniger Aufmerksamkeit zufrieden geben als ihre unruhigen Geschwister. Als Folge davon erschweren Eifersucht und Rivalitätskämpfe zusätzlich den Alltag.

Unbehandelte ADHS-Kinder haben ein deutlich erhöhtes Risiko, als Erwachsene eine Suchterkrankung zu entwickeln. Zahlreiche Studien kamen zu dem Ergebnis, dass ADHS ein Risiko für Alkoholismus bzw. Drogenabhängigkeit darstellt. Die Nikotinabhängigkeit scheint bei ADHS-Patienten ebenfalls erhöht zu sein. Nach den Ergebnissen dieser Studien vermindert die Behandlung mit Stimulan-

ADHS – ein erhöhtes Risiko für eine Suchterkrankung

zien wie Ritalin® dieses Risiko deutlich. Warum ADHS ein solches Risiko für eine Suchterkrankung darstellt, konnten die Wissenschaftler in ihren Untersuchungen bisher allerdings nicht klären. Verschiedene Erklärungsmodelle führen die Suchterkrankung darauf zurück, dass die Betroffenen eine höhere Experimentier- und Risikofreudigkeit im Umgang mit Drogen und Alkohol an den Tag legen. Eine andere Hypothese besagt, dass Patienten die Erfahrung gemacht haben, dass manche Drogen ihre Symptome lindern.
In diesen Studien wurden jedoch ausschließlich unbehandelte ADHS-Patienten mit Betroffenen, die als Therapie Stimulanzien erhalten hatten, verglichen. Inwiefern andere Behandlungsmethoden, mit deren Hilfe die ADHS-Symptome erfolgreich bekämpft werden können, in gleicher Weise das Suchtrisiko vermindern, wurde in diesen Studien nicht untersucht. Deshalb belegen diese Untersuchungen lediglich, dass ADHS behandelt werden muss, um seine Folgerisiken zu mindern. Sie sind jedoch nicht der Beweis, dass dieser Erfolg ausschließlich einer Stimulanzientherapie zuzuschreiben ist.

Was soll das Ziel einer Behandlung sein?

Egal, für welche Therapiemöglichkeit man sich entscheidet, zu Beginn müssen sich Arzt und Patient bzw. dessen Eltern über das gewünschte Behandlungsziel im Klaren sein. Da die Beeinträchtigungen durch ADHS bei jedem einzelnen Kind in verschiedenen Bereichen unterschiedlich stark auftreten können, sollen diese Ziele immer ganz individuell festgelegt werden. Prinzipiell können Behandlungsziele für folgende Schwerpunkte formuliert werden:

Behandlungsziele

Am Ende der Behandlung sollen die Kinder über
- eine gesteigerte soziale Kompetenz
- ein verringertes Störverhalten
- bessere schulische Leistungen
- eine bessere Selbstständigkeit im Alltag
- ein gesteigertes Selbstwertgefühl und über
- eine bessere Selbststeuerung

verfügen.

Wie möchte man die Behandlungsziele erreichen?

Wenn die Behandlungsziele klar sind, bleibt noch immer die Frage, wie man diese Ziele erreichen möchte. An dieser Stelle wartet auf die Eltern von ADHS-Kindern die nächste Hürde. Sie müssen die schwere Entscheidung treffen, wie ihre Kinder behandelt werden sollen. Auf der einen Seite gibt es den Weg der Schulmedizin, der auf ein multimodales Behandlungskonzept setzt, das aus Medikamenten, Elterntraining und Verhaltenstherapie besteht. Dem gegenüber stehen noch einige wirkungsvolle Alternativen wie die allergenfreie Diät, Nährstofftherapie oder Homöopathie. Außerdem werden Eltern bei ihren Recherchen möglicherweise noch auf andere Behandlungsempfehlungen wie AfA-Algen, Feingold-Diät oder Hafer-Diät stoßen. Bei all diesen Therapieangeboten ist es wichtig, sich gut über Wirkungsweise, Wirksamkeit und mögliche Nebenwirkungen zu informieren. Seit die Diagnose ADHS in »Mode« gekommen ist, hat sich das Informationsangebot zu dieser Erkrankung vervielfacht. Für Eltern stellt dieser Informationswust nicht selten ein großes Problem dar. Welchen Ausführungen und Heilversprechen können sie glauben? Das einzige Rezept dafür lautet, fundierte Informationen zu sammeln. Nur dann werden Eltern in der Lage sein, sich abschließend eine eigene Meinung bilden zu können. Nur wer umfassend informiert ist, kann entscheiden, was das Beste für sein Kind ist.

Nur wer umfassend informiert ist, kann entscheiden, was das Beste für sein Kind ist

Schulmedizin

Die schulmedizinischen Therapieangebote basieren in erster Linie auf einem multimodalen Behandlungskonzept, das aus verschiedenen Therapiebausteinen besteht. Dabei werden neben der gezielten Behandlung des Kindes auch die Eltern und nähere Bezugspersonen in die Therapie mit einbezogen. Dieses Therapiekonzept sieht neben der sorgfältigen Diagnose eine ausführliche Beratung von Eltern, Erziehern und Lehrern vor. Außerdem wird nach den individuellen Bedürfnissen des Kindes ein Therapieplan erstellt, der aus Medikamenten, psychosozialen Hilfestellungen und pädagogischen Maßnahmen bestehen kann.

Therapiekonzept der Schulmedizin

Verhaltenstherapie, Elterntraining und Schulung von Erziehern und Lehrern sind sinnvolle Maßnahmen, um die Verhaltensauffälligkeiten der ADHS-Kinder zu verringern. Dazu gibt es verschiedene

THOP = Therapieprogramm zur Behandlung von Kindern mit hyperkinetischem und oppositionellem Problemverhalten

Therapieprogramme. In Deutschland wird von Fachleuten sehr häufig das **T**herapieprogramm zur Behandlung von Kindern mit **h**yperkinetischem und **o**ppositionellem **P**roblemverhalten (**THOP**) angewendet. Es wurde von Wissenschaftlern an der Universität Köln entwickelt und eignet sich zur Behandlung von Kindern im Alter von drei bis zwölf Jahren. Nach einer umfassenden Diagnostik richtet sich das Programm auf die Therapie der individuellen Verhaltensauffälligkeiten des Kindes in der Familie und im Kindergarten oder der Schule. Es zielt auf die gemeinsame Entwicklung von Interventionsmaßnahmen für die jeweiligen Problembereiche und bezieht dabei die Kinder, Eltern und Erzieher/Lehrer mit ein. Zusätzlich ermöglicht dieses Programm den Therapeuten, sich über die Möglichkeiten der medikamentösen Therapie von ADHS-Kindern zu informieren.

THOP besteht aus zwei Teilprogrammen:

- **Eltern-Kind-Programm:** Es hat zum Ziel, die hyperkinetischen und oppositionellen Verhaltensstörungen in der Familie zu mindern und es leitet Eltern und Kind dazu an, Problemsituationen in der Familie zu bewältigen.
- **Erzieher/Lehrer-Kind-Programm:** Es hat zum Ziel, die hyperkinetischen und oppositionellen Verhaltensstörungen in Kindergarten und Schule zu mindern.

Besondere Bedeutung hat dabei das Eltern-Kind-Programm, das aus sechs Schwerpunkten besteht:

Schwerpunkte des Eltern-Kind-Programms

- Problemdefinition, Entwicklung eines Störungskonzeptes und Behandlungsplanung,
- Förderung positiver Eltern-Kind-Interaktionen und Eltern-Kind-Beziehungen,
- pädagogisch-therapeutische Interventionen zur Verminderung von impulsivem und oppositionellem Verhalten,
- spezielle operante Methoden,
- Interventionen bei spezifischen Verhaltensproblemen,
- Stabilisierung der Effekte.

Zu THOP gibt es auch den Elternleitfaden »Wackelpeter und Trotzkopf« (siehe Anhang), der die Eltern dabei anleitet, besser mit ihren hyperaktiven, trotzigen Kindern umzugehen.

Erziehungsprogramm Triple P

Eine weitere Möglichkeit stellt das Erziehungsprogramm Triple P dar. Es schult das Erziehungsverhalten der Eltern. Dabei richtet sich Triple P jedoch nicht ausschließlich an Eltern von ADHS-Kindern, sondern ist generell in allen Familien geeignet, in denen Kinder Verhaltensauffälligkeiten aufweisen. Triple P steht für die drei P aus Positive Parenting Program und bedeutet auf Deutsch Positives Erziehungsprogramm. Triple P wurde nach langjähriger Forschungsarbeit an der Universität Queensland (Australien) entwickelt. Das Ziel von Triple P ist es, die Erziehungskompetenz der Eltern zu erhöhen und dadurch eine positive Eltern-Kind-Beziehung aufzubauen und zu stabilisieren. Auf diese Weise können kindliche Verhaltensprobleme verhindert bzw. reduziert werden. Triple P macht den Eltern verschiedene Angebote. Sie reichen von Kurzberatung, Beratung mit Übungen bis hin zu einem individuell angepassten Elterntraining.

Auch den Kindern stehen verschiedene Programme zur Verfügung

Doch nicht nur Eltern, Erzieher und Lehrer werden im »Kampf« gegen ADHS trainiert, sondern auch den Kindern stehen dafür verschiedene Programme zur Verfügung. In einem Coaching oder in Aufmerksamkeits- und Konzentrationstrainings können Kinder lernen, sich selbst besser zu steuern.

Coaching

Im Coaching haben sie die Möglichkeit, Selbstmanagement zu erlernen oder es zu verbessern. Zu den Selbstmanagement-Fertigkeiten gehören Aspekte wie Selbstkontrolle, Selbstbeobachtung, Ausdauer und Frustrationstoleranz.

Konzentriertes Arbeiten ist bekanntlich nicht unbedingt eine Stärke von ADHS-Kindern. Das spiegelt sich in vielen Familien im täglichen Hausaufgabenterror wider. Doch auch hierfür gibt es wirkungsvolle Methoden, in denen die Kinder lernen, konzentrierter zu arbeiten, ihre Aufmerksamkeit zu erhöhen und Handlungsabläufe besser zu planen.

Konzentrationstraining

Ein Beispiel dafür stellt das Marburger Konzentrationstraining dar. Um ihre täglichen Aufgaben besser meistern zu können, werden die Kinder hier in verschiedenen Bereichen trainiert. Sie lernen, sich zu entspannen, ihren Arbeitsstil zu verbessern, erhöhen ihr Selbstbewusstsein, trainieren ihre Sinne und werden motiviert.

Psychotherapeutische Behandlung bei Begleitstörungen

Wenn ADHS-Kinder zusätzlich unter Begleitstörungen wie Ängsten, Tics oder Depressionen leiden, brauchen sie hierfür selbstverständlich eine psychotherapeutische Behandlung. Da diese Störungen sehr unterschiedlich sind, gibt es auch eine Vielzahl verschiedener Therapiemöglichkeiten. Die Behandlung dieser Begleitstörungen wird von Kinder- und Jugendpsychiatern oder Kinder- und Jugendpsychotherapeuten durchgeführt.
Stolpern, Stürzen, blaue Flecken – auch das ist Alltag für viele ADHS-Kinder. Probleme in der Körperkoordination und Körperwahrnehmung sind nicht selten und machen sie zu kleinen Tollpatschen. Auch das Schönschreiben in der Schule wird für diese Kinder zu einer schier unlösbaren Aufgabe. Um diesen Problemen Herr zu werden, eignen sich unterstützende Behandlungen durch Ergotherapeuten, Mototherapeuten oder Krankengymnasten. Auch die Konzentrationsfähigkeit kann sich durch diese Behandlungen verbessern.

Spezielle Förderung bei Teilleistungsstörungen

Wenn spezielle Teilleistungsstörungen wie zum Beispiel eine Lese-Rechtschreibschwäche vorliegen, benötigen die Kinder selbstverständlich eine spezielle Förderung, um dieses Defizit auszugleichen. Auf diesem Gebiet gibt es zahlreiche Förderangebote. Dazu zählen Rechtschreibtraining, lautanalytisches Funktionstraining, Üben von Lernstrategien oder auch Entspannungsübungen.

Die nächste Säule in der multimodalen ADHS-Therapie ist die Behandlung mit Medikamenten. Dieser Teilbereich des multimodalen Behandlungskon-

Eine Pille gegen eine Krankheit – manchmal ist sie der letzte Rettungsanker in einer verzweifelten Situation

zeptes ist der in den vergangenen Jahren wohl am heftigsten diskutierte Bereich in der ADHS-Therapie. Nach Meinung vieler Fachleute ist die medikamentöse ADHS-Behandlung dann notwendig, wenn die Kinder in ihren Leistungen und im psychosozialen Bereich deutlich eingeschränkt sind. Sie ist in den Behandlungsleitlinien genau definiert und gibt auf diese Weise dem behandelnden Arzt eine Behandlungsrichtlinie vor, um den korrekten Gebrauch der Medikamente zu sichern. Eine Pille gegen eine Krankheit – manchmal ist sie der letzte Rettungsanker in einer verzweifelten Situation. Für viele ist die Vorstellung sehr verlockend, eine Tablette zu nehmen und schon ist das ADHS-Problem gelöst. Doch wenn man mehr über die medikamentöse Therapie von ADHS weiß, erscheint diese vermeintlich einfache Lösung in einem ganz anderen Licht. Wenn ADHS mit Medikamenten behandelt werden soll, werden in erster Linie Präparate verschrieben, die zu den Stimulanzien zählen. Am häufigsten wird dabei Methylphenidat verwendet. Dabei handelt es sich um eine Amphetamin-ähnliche Substanz, die eine stimulierende Wirkung hat. Sie unterliegt dem Betäubungsmittelgesetz und muss nach speziellen Vorschriften verschrieben werden. Der wohl bekannteste Vertreter dieses Wirkstoffs hat den Handelsnamen Ritalin®. Jetzt stellt sich natürlich zuerst die Frage, wieso man unruhigen Zappelkindern auch noch ein Mittel verordnet, das zusätzlich aufputschend wirkt. Um diese Frage zu beantworten, muss man einen kleinen geschichtlichen Ausflug zum Thema Ritalin®

unternehmen. Methylphenidat, der Wirkstoff in Ritalin®, wurde in den 40er Jahren synthetisiert. Damals war man auf der Suche nach einer Amphetamin-ähnlichen Substanz, die den gewünschten stimulierenden Effekt von Amphetaminen besitzt, ohne dabei süchtig zu machen. In den 50er Jahren kam Ritalin® dann in den USA auf verschiedenen Gebieten zum Einsatz. So wurde es zur Behandlung der Schlafstörung Narkolepsie, bei leichten Depressionen, als Stimulanz für ältere Personen und bei verhaltensauffälligen Kindern eingesetzt. Ende der 60er, Anfang der 70er Jahre begann dann der »Siegeszug« von Ritalin®. Dabei hatte die USA eine absolute Vorreiterrolle übernommen. Es wurde immer mehr als Therapeutikum für hyperaktive Kinder akzeptiert und der Verbrauch von Ritalin® stieg rasant an. Ähnlich, nur zeitlich etwas später, ist der Verlauf in Deutschland. Hier ist der Methylphenidat-Verbrauch laut Bundesministerium für Gesundheit im Zeitraum von 1993 bis 2001 von 34 kg auf 639 kg auf das 20fache angestiegen. Diese enorme Zunahme ist nicht nur damit zu erklären, dass verhaltensauffällige Kinder jetzt häufiger als noch vor Jahren untersucht und behandelt werden. Leider muss man davon ausgehen, dass eine große Zahl von Kindern nicht korrekt diagnostiziert wurde und zu Unrecht Ritalin® erhält. Auch die Drogenbeauftragten der Bundesregierung haben in einem Papier »Zur Anwendung von Methylphenidat bei der Behandlung des Aufmerksamkeits-Defizit- und Hyperaktivitäts-Syndroms (ADHS)« dazu Stellung bezogen. Sie schreiben in Absatz fünf:

Ein kleiner geschichtlicher Ausflug zum Thema Ritalin®

Der Verbrauch von Ritalin® stieg rasant an

»Nach ersten Untersuchungen von Verordnungsdaten und einer Vielzahl von Einzelberichten muss vermutet werden, dass bei der Anwendung von Arzneimitteln mit Methylphenidat der Stand der medizinischen Wissenschaft nicht immer ausreichend Beachtung findet. Das äußert sich beispielsweise in den Fachrichtungen der verschreibenden Ärzte. So sind nach verschiedenen Erhebungen von Verordnungsdaten an den Verschreibungen für Methylphenidat unterschiedliche Fachärzte beteiligt, bei denen eine entsprechende Qualifikation zur Diagnose und Therapie dieses komplexen Krankheitsbildes nicht immer von vornherein vorausgesetzt werden kann. Besorgniserregend sind in diesem Zusammenhang auch Berichte von erfahrenen Klinikern, wonach bei einem Teil der ihnen vorgestellten Patienten unter Methylphenidat die Anwendung dieses Arzneimittels nicht indiziert war.« Wenn man bedenkt, dass dieser »Teil der Patienten« offensichtlich groß genug ist, um in einer Stellungnahme des Bundesministeriums für Gesundheit erwähnt zu werden, müssen die Alarmglocken klingeln. Schließlich handelt es sich bei Methylphenidat nicht um harmlose Kopfschmerztabletten, sondern um ein Medikament, das erhebliche Nebenwirkungen haben kann und dessen Langzeitwirkung bisher noch immer ungenügend erforscht ist. Außerdem ergab eine 2003 veröffentlichte Untersuchung im Auftrag des Bundesministeriums für Gesundheit, dass sich die Behandlungshäufigkeit mit Methylphenidat regional zum Teil deutlich unterscheidet. Während in Mecklenburg-

Bei Methylphenidat handelt es sich nicht um harmlose Kopfschmerztabletten, sondern um ein Medikament, das erhebliche Nebenwirkungen haben kann

Vorpommern nur 0,4 Prozent der versicherten Kinder medikamentös behandelt wurden, waren es in Rheinhessen, Bayern oder Schleswig-Holstein zwei Prozent. In der Region Koblenz betrug die Behandlungshäufigkeit bei den 12- bis unter 15-jährigen Jungen sogar 11,8 Prozent. Diese Zahlen sprechen eine deutliche Sprache. Sie zeigen, dass die Richtlinien, ab wann Methylphenidat verabreicht werden sollte, in der Praxis nicht einheitlich umgesetzt werden und dass möglicherweise in einigen Fällen zu leichtfertig mit der Verordnung umgegangen wird. Dabei muss man sich immer wieder vor Augen führen, dass es sich bei Ritalin® um ein Medikament handelt, dessen Wirkmechanismus nach wie vor nicht vollständig geklärt ist. Man erklärt die Wirkung von Ritalin® damit, dass es die Konzentration des Botenstoffes Dopamin an den Schaltstellen zwischen den Nervenenden der Gehirnzellen (Synapsen) erhöht (s. S. 43). Dadurch wird der Dopaminmangel, der nach einem gängigen Erklärungsmodell die Ursache der Aufmerksamkeits- Hyperaktivitätsstörung ist, behoben und die Reizweiterleitung im Gehirn wird verbessert. Doch ADHS lässt sich nach wie vor nicht allein durch die Störung in einem Botenstoffsystem erklären. Viele der durchgeführten Studien zu diesem Thema liefern nur einen weiteren Mosaikstein in dem komplexen Bild der ADH-Störung. Sicherlich muss man auch die Frage stellen, ob das Ungleichgewicht im Botenstoffhaushalt als eigenständige Ursache anzusehen ist oder selbst nur die Folge einer anderen Grundstörung darstellt.

Die Richtlinien, ab wann Methylphenidat verabreicht werden sollte, werden in der Praxis nicht einheitlich umgesetzt

Auch wenn die Wirkungsweise von Ritalin® noch unklar ist, sind die Auswirkungen auf die Kinder recht gut zu beobachten. Ritalin® bewirkt:

- Verbesserung der Aufmerksamkeit, Selbststeuerung, Konzentration und Ausdauer
- Verminderung des impulsiven und hyperkinetischen Verhaltens

Allerdings ergab die Auswertung unterschiedlicher Studien zu diesem Thema, dass Ritalin® nicht in der Lage ist, Lernstörungen zu korrigieren, komplexe Fähigkeiten wie Lesen oder soziale Integrationsfähigkeit zu verbessern oder schwerwiegende emotionale Probleme zu beheben.

Unter den Wissenschaftlern und auch in vielen Studien werden zu Ritalin® mitunter sehr unterschiedliche Standpunkte vertreten

Unter den Wissenschaftlern und auch in vielen Studien werden zu Ritalin® mitunter sehr unterschiedliche Standpunkte vertreten. Absolute Befürworter stehen dabei strengen Kritikern gegenüber. Solange über die Ursachen von ADHS und der Wirkungsweise der Psychostimulanzien noch so wenig bekannt ist wie zum heutigen Zeitpunkt, wird sich daran auch nichts ändern. Zwischen den Fronten dieses Expertenstreits stehen die Eltern, die ihrem Kind helfen möchten, ohne es zusätzlichen Risiken auszusetzen. Doch die ehrliche Antwort auf die Frage, ob man einem Medikament, dessen Wirkungsweise noch unvollständig geklärt ist und dessen Langzeitwirkung auf die Kinder noch nicht ausreichend bekannt ist, kritisch gegenüber stehen sollte, kann nur JA lauten.

Man sollte Ritalin® kritisch gegenüber stehen

Ein weiterer Grund für die berechtigte Kritik an einer zu großzügigen Ritalin®-Verordnung liegt in den Nebenwirkungen, die Ritalin® haben kann.

Nebenwirkungen von Ritalin®

Die Liste der Nebenwirkungen von Ritalin® reicht von Appetitmangel, Schlafstörungen, Weinerlichkeit, Kopfschmerzen, Bauchschmerzen, Schwindel, Auslösung oder Verschlechterung bestehender Tic-Störungen, vorübergehender Wachstumsverlangsamung bis hin zu Puls- oder Blutdruckerhöhungen.

Erst Anfang des Jahres 2006 forderte ein kardiologisches Beratergremium die amerikanische Arzneimittelbehörde FDA dazu auf, in die Fachinformationen von ADHS-Medikamenten eine sogenannte Black-Box-Warnung für mögliche Herzattacken oder -infarkte aufzunehmen. Eine Black-Box-Warnung ist die schärfste Warnung der FDA und wird in der Regel nur bei schwerwiegenden Risiken erwogen. Kurze Zeit danach beschäftigte sich ein kinderärztliches Beratergremium mit einer anderen Komplikation – Halluzinationen nach der Einnahme von ADHS-Medikamenten. Nach neuesten Untersuchungen treten Halluzinationen nämlich häufiger auf, als man bisher angenommen hatte. Diese beiden Beispiele zeigen ganz deutlich, wie wenig man bis heute über die Wirkungen und Langzeitfolgen von Ritalin® und Co. weiß. Auch wenn Ritalin® schon seit mehr als 50 Jahren einge-

Halluzinationen nach der Einnahme von ADHS-Medikamenten

setzt wird, zeigen sich bestimmte Risiken dieses Medikamentes doch erst, seit es in den letzten Jahren ungleich häufiger als früher verordnet wird.

Atomoxetin – ein neuer Wirkstoff zur medikamentösen Behandlung von ADHS

Seit März 2005 steht in Deutschland ein neuer Wirkstoff zur medikamentösen Behandlung von ADHS zur Verfügung. Dabei handelt es sich um Atomoxetin, das den Handelsnamen Strattera® hat. Es gehört nicht zur Gruppe der Psychostimulanzien, sondern zählt zu den selektiven Noradrenalin-Wiederaufnahme-Hemmern. Noradrenalin ist genauso wie Dopamin ein wichtiger Botenstoff, der im Gehirn bei der Reizübertragung eine wichtige Rolle spielt (s. S. 44). Da Atomoxetin nicht zu den Psychostimulanzien gehört, unterliegt es nicht den Bestimmungen des Betäubungsmittelgesetzes und kann mit einem normalen Rezept verschrieben werden. Doch wer glaubt, mit Atomoxetin stünde jetzt ein verträglicheres, risikoärmeres Medikament zur Verfügung, hat sich getäuscht, denn auch Atomoxetin hat es in sich. Im Februar 2005 warnte die britische Arzneimittelaufsichtsbehörde, dass Atomoxetin (Strattera®) in seltenen Fällen zu schweren Leberschädigungen führen kann. Außerdem veröffentlichte das Bundesinstitut für Arzneimittel und Medizinprodukte im September 2005 die Meldung, dass nach Beratung mit den Arzneimittelbehörden der EU in der Produktinformation von Strattera® ab sofort darauf hingewiesen werden muss, dass durch dieses Medikament suizidales Verhalten (Selbstmordgedanken oder Selbstmordversuch) und aggressives oder feindseliges Verhalten ausgelöst oder begünstigt werden kann.

Auch Atomoxetin kann schwere Nebenwirkungen haben

Medizin soll nicht schaden, sondern heilen. Bei besonders ernsten Erkrankungen wie beispielsweise Krebs kommt man häufig nicht umhin, schwere Nebenwirkungen zu tolerieren, um das Leben zu retten. Doch bei jeder Therapie, egal welcher Erkrankung, müssen immer Risiko und Nutzen im Sinne des Patienten sehr genau gegeneinander abgewogen und alle Alternativen in Betracht gezogen werden. Denn nebenwirkungsfreie Medikamente gibt es nicht. Die Fakten über die medikamentöse Behandlung von ADHS müssen unbedingt ein Grund dafür sein, alle wirkungsvollen Alternativen zu prüfen und auszuschöpfen, bevor die Entscheidung für Ritalin® und Co. fällt. Sicherlich gibt es Fälle, in denen Ritalin® für einen begrenzten Zeitraum sinnvoll sein kann. Doch auch hier muss das Behandlungsziel sein, durch andere Therapien das ADHS-Kind so weit zu stabilisieren, dass es die Psychodroge nicht mehr braucht, denn Ritalin® kann ADHS nicht heilen, sondern nur seine unliebsamen Symptome unterdrücken. Ritalin® ist bestenfalls eine Krücke, die das Kind nicht mehr braucht, wenn es durch die Kombination von Psychotherapie, pädagogischen Maßnahmen, Verhaltenstherapie, Konzentrationstraining, Ergotherapie oder Coaching mit ganzheitlichen Behandlungsmethoden wieder alleine »laufen« gelernt hat.

Bei jeder Therapie müssen Risiko und Nutzen genau gegeneinander abgewogen werden

ADHS-Medikamente

ADHS-Medikamente

Methylphenidat gibt es unter folgenden Handelsnamen:
Ritalin®
Medikinet®
Concerta®
Methylphenidat-ratiophram®
Methylphenidat Hexal®
Methylpheni TAD
Equasym®

Atomoxetin gibt es unter folgendem Handelsnamen:
Strattera®

Behandlung bei ADHS im Erwachsenenalter

ADHS im Erwachsenenalter ist bisher deutlich weniger erforscht als bei Kindern und Jugendlichen. Aus der Diagnose allein leitet sich jedoch noch nicht die Notwendigkeit oder die Art der Behandlung ab. Nach den Leitlinien der Deutschen Gesellschaft für Psychiatrie, Psychotherapie und Nervenheilkunde hängt die Entscheidung darüber davon ab, wie stark die ADHS-Erkrankung ausgeprägt ist und ob psychische und soziale Beeinträchtigungen durch die Erkrankung vorliegen. Nach den Leitlinien wird eine Behandlung dann empfohlen, wenn ausgeprägte Störungen in einem Lebensbereich vorliegen oder mehrere Lebensbereiche von leichten Störungen, die auf ADHS zurückzuführen sind, betroffen sind. Für die Behandlung von Erwachsenen liegen bisher nur wenige, studiengesicherte

Daten vor. Als medikamentöse Therapie wird auch hier eine Stimulanzientherapie mit Methylphenidat als sogenanntem Mittel der 1. Wahl empfohlen. Auch bei Erwachsenen scheint eine psychotherapeutische Behandlung zu wirken, auch wenn die Datenlage in diesem Punkt nicht gesichert ist. Doch es wäre sicherlich ein Fehler, den derzeitigen Mangel an gesicherten Studienergebnissen mit der Wirkungslosigkeit einer Methode gleichzusetzen.

Alternativen zu Ritalin und Co.

Betrachtet man die lange Liste der möglichen Nebenwirkungen und die Unklarheit bezüglich der Langzeitfolgen einer medikamentösen ADHS-Behandlung, ist die kritische Haltung vieler Eltern und auch Mediziner dazu verständlich. Doch an diesem Punkt stellt sich die Frage, ob es überhaupt Alternativen zu Ritalin und Co. gibt. Die ermutigende Antwort auf diese Frage kann mit einem ganz klaren JA beantwortet werden. Heilungsversprechungen gibt es viele. Doch hier muss die Spreu vom Weizen getrennt werden. Auch alternative Therapien müssen genau unter die Lupe genommen werden. Sie dürfen den Kindern nicht schaden und müssen ihre Wirksamkeit unter Beweis stellen. Außerdem sollen sie von qualifizierten Fachkräften durchgeführt werden.

Ja – es gibt Alternativen zu Ritalin und Co.

Vorsicht, AFA-Algen!

Große Diskussionen gibt es nach wie vor um die sogenannte AFA-Alge (Artenbezeichnung: *Aphanizomenon flos-aquae*), die auch unter der Bezeichnung blaugrüne Uralge bekannt ist. Sie wird als ein Nahrungsergänzungsmittel vertrieben. Als besonders positiv wird herausgestellt, dass sie das eiweißreichste Nahrungsmittel der Welt sei und ein einzigartiges Nährstoffprofil und eine einzigartige Nährstoffdichte besäße. Durch ihre Fähigkeit, schädliche Schwermetalle aus dem Körper auszuleiten, könne sie das Immunsystem stärken und Krankheiten wie Neurodermitis, Asthma, Hyperaktivität oder Depressionen heilen. An dieser Stelle muss ganz klar darauf hingewiesen werden, dass es sich bei Präparaten, die AFA-Algen enthalten, um Nahrungsergänzungsmittel und nicht um ein Arzneimittel handelt. Es darf aus diesem Grund nach dem Heilmittelwerbegesetz auch nicht mit solchen Aussagen beworben werden. Um als Arzneimittel zugelassen zu werden, müssen Fertigarzneimittel nämlich ihre Wirksamkeit, Unbedenklichkeit und angemessene pharmazeutische Qualität nachweisen. Der derzeitige wissenschaftliche Kenntnisstand zur AFA-Alge kann die zahlreichen medizinischen Wirkungen, die der Alge zugeschrieben werden, nicht bestätigen. Ob die AFA-Alge gegen die besagten Krankheiten wirklich hilft, ist bislang nicht bewiesen. Besorgniserregend ist jedoch, dass nicht ausgeschlossen werden kann, dass der regelmäßige Verzehr von AFA-Algen-Präparaten möglicherweise ein Gesundheitsrisiko darstellt. AFA-Algen-Präparate

Der derzeitige wissenschaftliche Kenntnisstand zur AFA-Alge kann die zahlreichen medizinischen Wirkungen, die der Alge zugeschrieben werden, nicht bestätigen

können durch eine andere, giftige Cyanobakterienart (*Microcystis aeruginosa*) verunreinigt sein. Diese Cyanobakterien produzieren Giftstoffe (Microcystine), die Magen-Darm-Beschwerden und Hautausschläge verursachen können. Außerdem beeinträchtigen sie das Nervensystem und können die Leber schwer schädigen. Untersuchungen von Algenpräparaten haben wiederholt ergeben, dass der zulässige Microcystingehalt überschritten wurde. So ergab eine Untersuchung der Gesundheitsbehörde von Oregon im Jahr 1996, dass 85 der 87 untersuchten AFA-Algen-Proben Microcystine enthielten. Bei 72 Prozent der Proben waren die zulässigen Höchstgrenzen der Weltgesundheitsorganisation überschritten. Aufgrund dieser Befunde rät die kanadische Gesundheitsbehörde Health Canada, dass Kinder auf die Einnahme von Blaugrünalgen-Präparaten völlig verzichten und Erwachsene sie lediglich für kurze Zeit einnehmen sollten. Dieser Empfehlung haben sich das Bundesinstitut für Arzneimittel und Medizinprodukte und das Bundesinstitut für gesundheitlichen Verbraucherschutz und Veterinärmedizin in einer gemeinsamen Erklärung im März 2002 angeschlossen.

AFA-Algen – möglicherweise ein Gesundheitsrisiko

Wer sich von all diesen Daten nicht schrecken lässt und einen Versuch mit AFA-Algen-Produkten wagt, sollte jedoch die Warnzeichen einer Microcystin-Vergiftung kennen. Dazu gehören ein allgemeines Abgeschlagenheitsgefühl, Kopfschmerzen, Fieber, Übelkeit, Erbrechen, Durchfall bis hin zur Gelbsucht. Diese Symptome dürfen auf keinen Fall als »reinigende Wirkung« fehlinterpretiert werden.

Nährstofftherapie – hilfreich und nebenwirkungsfrei

Neueste Studien belegen, dass bei ADHS-Patienten ein Mangel an Gehirnfettsäuren und Spurenelementen besteht

Wenngleich die AFA-Alge nicht dafür geeignet zu sein scheint, Nährstoffdefizite auszugleichen, darf man die Möglichkeit der Nährstoffgabe trotzdem nicht außer Acht lassen. Ein Mangel an Vitaminen, Mineralstoffen, Spurenelementen und essentiellen Fettsäuren kann neben körperlichen auch zu psychischen Störungen führen. Neueste Studien belegen, dass bei ADHS-Patienten ein Mangel an Gehirnfettsäuren und Spurenelementen besteht. Auch Dyslexie (Leseschwäche), Dyspraxie (»Syndrom des ungeschickten Kindes«) oder Legasthenie (Lese-Rechtschreib-Schwäche) lassen sich neben der ADH-Störung positiv durch eine Nährstofftherapie, in der Gehirnfettsäuren und Spurenelemente zugegeben werden, beeinflussen. Außerdem stellen Nährstoffkonzentrate eine sichere und nebenwirkungsfreie Möglichkeit dar, die bestehenden Mangelzustände auszugleichen, da diese Konzentrate als diätetische Lebensmittel besonderen Kontrollen unterliegen (s. Kapitel Nährstofftherapie, S. 123).

Mit Diät Allergene ausschalten

Dass Verhaltensstörungen auch mit der Ernährung zusammenhängen können, wird schon sehr lange vermutet

Dass Verhaltensstörungen auch mit der Ernährung zusammenhängen können, wird schon sehr lange vermutet. Bereits Untersuchungen des Amerikaners Albert Rowe Anfang des 20. Jahrhunderts ließen den Verdacht aufkommen, dass zwischen dem Verhalten von Menschen und der Ernährung ein Zusammenhang besteht. Seither wurden unterschiedliche Nahrungsbestandteile oder Inhaltsstoffe für Verhaltensauffälligkeiten verantwortlich gemacht. Dazu hatten sich verschiedene Erklärungsmodelle entwickelt. Am bekanntesten dürften die Feingold-, Phosphat- und Allergiehypothesen sein. Da es lange Zeit keine Belege gab, die eine oder mehrere dieser Hypothesen stützten, wurde das Thema lange Zeit sehr kontrovers unter Fachleuten diskutiert. Mitte der 80er Jahre konnte dann in einer ganzen Reihe von Studien nachgewiesen werden, dass sich Nahrungsmittel auf die motorische Unruhe, Impulsivität, Aufmerksamkeit, Gedächtnisleistung und Schlafqualität auswirken können. Dabei ließ sich die Allergiehypothese in Studien von Dr. Egger, der zum damaligen Zeitpunkt am Haunerschen Kinderspital in München arbeitete, bestätigen. Als Schlussfolgerung dieser Studienergebnisse wurde die oligoantigene Diät entwickelt. Dabei handelt es sich um eine Diät, in der die allergieauslösenden Nahrungsmittel aufgespürt und zukünftig gemieden werden. Nahrungsmittelunverträglichkeiten sind bei ADHS-Kindern nicht selten. Durch die oligoantigene Diät kann vielen von ihnen geholfen werden. Mehr zu dieser Diät lesen Sie im entsprechenden Kapitel ab S. 107.

Belegt: Nahrungsmittel können sich auf motorische Unruhe, Impulsivität, Aufmerksamkeit, Gedächtnisleistungen und Schlafqualität auswirken

Individuelle Hilfe durch die Homöopathie

Gehört haben von der Homöopathie schon viele, von den Kügelchen, von Potenzen und Verdünnungen, doch was es genau mit dieser Behandlungsmethode auf sich hat, wissen die wenigsten.

Die Homöopathie zählt zu den Erfahrungsheilkunden und ist bereits über 200 Jahre alt. Sie richtet sich nach dem Ähnlichkeitsprinzip, das Samuel Hahnemann, der Begründer der Homöopathie, vor über 200 Jahren entdeckte. »Similia similibus curentur« – Ähnliches werde mit Ähnlichem geheilt. Das bedeutet, dass ein homöopathisches Mittel nur dann eine Krankheit heilen kann, wenn seine Symptome aus der homöopathischen Arzneimittelprüfung mit den Krankheitssymptomen übereinstimmen. Schon daran kann man erkennen, dass es das *eine* ADHS-Mittel in der Homöopathie nicht geben kann. Hier werden ganz genau und individuell alle Symptome, die ein ADHS-Kind aufweist, gesammelt und mit den Symptomen der homöopathischen Arzneimittel verglichen, bis der Arzt das passende Mittel gefunden hat. Manchmal braucht es schon ein wenig Geduld, bis das geschafft ist.

Das eine ADHS-Mittel kann es in der Homöopathie nicht geben

Auch die Homöopathie wird als Behandlungsmethode häufig heiß diskutiert. Doch durch unzählige Einzelfallberichte über erfolgreiche Behandlungen und eine nicht zu vernachlässigende Anzahl von Studien konnte die Homöopathie ihre Wirksamkeit längst unter Beweis stellen. Da heute die Forschung auf dem Gebiet der Homöopathie immer weiter vorangetrieben wird, werden auch in Zukunft noch weitere Untersuchungen folgen, die sich mit dem Wirkprinzip und der Wirksamkeit dieser Methode auseinandersetzen. Mehr zur Homöopathie, und wie sie konkret bei ADHS eingesetzt wird, lesen Sie im entsprechenden Kapitel ab S. 131.

In Studien konnte die Homöopathie ihre Wirksamkeit längst unter Beweis stellen

Unterstützung durch Entspannung

Zu einem umfassenden Therapiekonzept bei ADHS gehören auch Entspannungsübungen. Um zu lernen, wie man sich ganz bewusst entspannen kann, gibt es verschiedene Möglichkeiten. Dazu gehören unter anderem das autogene Training, Qigong, Yoga oder die progressive Muskelentspannung.

Verschiedene Entspannungstechniken

Autogenes Training ist eine Entspannungstechnik, die auf der Autosuggestion beruht. Dabei wird sich auf kurze Formeln wie »Arme und Beine sind schwer« oder »Die Atmung geht ruhig und gleichmäßig« konzentriert.

Qigong kommt aus der Traditionellen Chinesischen Medizin und ist eine Konzentrations-, Meditations- und Bewegungsform, die das Ziel hat, den inneren Fluss der Lebensenergie zu steuern.

Yoga ist eine ursprünglich aus Indien stammende ganzheitliche Methode, Körper, Geist und Seele in Einklang zu bringen. Im modernen Yoga der westlichen Welt wird diese Methode unabhängig von weltanschaulichen Überzeugungen praktiziert und kann durch die Kombination von körperlichen Bewegungsabläufen, Konzentrations- und Atemübungen die körperliche Gesundheit verbessern und seine beruhigende, ausgleichende Wirkung entfalten.

Die progressive Muskelentspannung ist eine Methode, bei der durch die bewusste An- und Entspannung bestimmter Muskelgruppen die Entspannung des gesamten Körpers erreicht wird. Sie hat das Ziel, dass sich dieser Entspannungszustand durch die verbesserte Körperwahrnehmung jederzeit herstellen lässt.

Auch bei den Entspannungsübungen muss man auf die Kinder und ihre ganz individuellen Besonderheiten eingehen

Auch bei den Entspannungsübungen muss man auf die Kinder und ihre ganz individuellen Besonderheiten eingehen. Nicht jede Methode ist für jeden geeignet. Hier sollten unbedingt die persönlichen Vorlieben der Kinder beachtet werden. Denn nur, wenn die Kinder Spaß haben, werden sie regelmäßig üben und die jeweilige Methode so erlernen können, dass sie ihnen dabei hilft, ihren Körper besser zu steuern.

ADHS muss behandelt werden, das steht fest. Und zwar so früh wie möglich, damit die Kinder die Chance haben, sich normal zu entwickeln. Doch an der Frage nach dem Wie scheiden sich häufig die Geister. Eltern stehen im Expertenstreit nicht selten hilflos zwischen den Fronten und am Ende sind die Kinder und Familien die Leidtragenden. Das darf nicht sein. Gewappnet mit einem umfassenden Wissen über alle Behandlungsmöglichkeiten können Eltern und Betroffene den richtigen Weg finden, aus dem ADHS-Dilemma herauszukommen.

Hier ein paar Tipps, die den Alltag mit ADHS-Kindern erleichtern können:

Tipps für den Alltag

Was hilft gestressten Eltern von ADHS-Kindern im Alltag?

- Organisieren Sie einen klar strukturierten Tag.
- Stellen Sie feste Regeln auf, denn konsequente Eltern geben den Kindern Sicherheit.
- Stärken Sie die positive Eltern-Kind-Beziehung. Dabei hilft beispielsweise ein Abendritual, bei dem Sie mit dem Kind zwei besonders positiv erlebte Ereignisse des Tages besprechen.
- Sparen Sie nicht mit Lob, wenn Ihr Kind etwas besonders gut gemacht hat.
- Denken Sie bei allem Stress auch mal an sich. Haben Sie kein schlechtes Gewissen, wenn Sie sich mal eine kleine Auszeit nehmen, um wieder Kraft zu tanken.

Ernährung

Ganz nüchtern betrachtet dient die Ernährung von Mensch oder Tier nur dazu, am Leben zu bleiben. Wir müssen dem Körper Eiweiß, Fette, Kohlenhydrate, Vitamine, Spurenelemente, Mineralstoffe, Salze, Ballaststoffe, sekundäre Pflanzenstoffe und Wasser zuführen, um alle Funktionen in unserem Körper aufrechtzuerhalten. Doch gerade für den Menschen lässt sich Ernährung nicht ausschließlich auf diesen Zweck reduzieren. Wie heißt es so schön im Volksmund? »Essen und Trinken hält Leib und Seele zusammen.« Daraus ließe sich schlussfolgern, isst und trinkt man das Falsche, geraten Leib und Seele aus dem Gleichgewicht. Eine Volksweisheit, die heute längst wissenschaftlich bestätigt werden konnte. Doch auch wenn die Beweise für die Bedeutung einer gesunden Ernährung aus der jüngsten Zeit stammen, ist das Wissen über den Zusammenhang von Gesundheit, Krankheit und Ernährung schon sehr alt. Bereits in der hippokratischen Medizin im 4. Jahrhundert vor Christus findet man Grundprinzipien der gesunden Ernährung. Damals umfasste der Diätbegriff (diaita = Lebensweise) allerdings mehr als nur eine gesunde Ernährung, er umfasste auch Bäder, Sport und allgemeine Maßnahmen, die zu einer gesunden Lebens-

Isst und trinkt man das Falsche, geraten Leib und Seele aus dem Gleichgewicht

weise gehörten. Wenn heute von einer Diät die Rede ist, wird eine Ernährungsweise gemeint, die in irgendeiner Form Einschränkungen enthält. Beispiele hierfür wären eine glutenfreie Ernährung, milcheiweißfreie Ernährung oder laktosefreie Ernährung.

Heute ist die Ernährungsmedizin ein anerkannter Teil der Medizin

Heute ist die Ernährungsmedizin ein anerkannter Teil der Medizin, der sich nicht, wie noch zu Hippokrates' Zeiten, ausschließlich auf Erfahrungen stützen muss. In den vergangenen 30 Jahren haben sich zahlreiche Wissenschaftler eingehend mit den Stoffwechselvorgängen im menschlichen Körper befasst. Diese Untersuchungen lieferten wichtige Erkenntnisse, die die Bedeutung einer gesunden, ausgewogenen Ernährung unterstreichen und es möglich machen, bestimmte Erkrankungen auch durch eine angepasste Ernährung zu behandeln.

So kann durch einen ausgewogenen, gesunden Speiseplan ernährungsbedingten Zivilisationserkrankungen wie Fettsucht, Diabetes oder Herz-Kreislauf-Erkrankungen vorgebeugt werden. Wenn schon Krankheiten bestehen, können sie häufig mit einer geeigneten Ernährungsweise gemildert oder gebessert werden.

Auch in der Behandlung des ADHS spielt die Ernährung in vielen Fällen eine wichtige Rolle

Auch in der Behandlung des Aufmerksamkeits-Defizit-Hyperaktivitäts-Syndroms spielt die Ernährung in vielen Fällen eine wichtige Rolle. Durch unausgewogene Ernährung oder einen erhöhten Bedarf kann ein Mangel an bestimmten Nahrungsbestandteilen ADHS-Symptome auslösen oder verstärken. Wenn betroffenen Kindern diese Nährstoffe zusätzlich verabreicht werden, können sich Stoffwechsel und Verhalten wieder normalisieren. Eine andere Möglichkeit ist, dass Nahrungsmittel nicht vertragen werden, denn Allergien auf Nahrungsbestandteile oder Unverträglichkeiten von Zusatzstoffen können sich ebenfalls auf das Verhalten auswirken. Hier hilft nur, die störenden Nahrungsmittel oder -bestandteile aufzuspüren und aus dem Speiseplan zu verbannen.

Wie schon erwähnt, liegen seit Beginn des 20. Jahrhunderts Untersuchungen vor, die auf den Zusammenhang von Nahrung und Verhalten hindeuten. Und in den vergangenen 30 Jahren kamen viele weitere Untersuchungen dazu, die diese Annahme bestätigen konnten. Das änderte jedoch nichts daran, dass dieses Thema von Befürwortern und Gegnern der Ernährungstherapie bei ADHS noch immer mit sehr gegensätzlichen Argumenten diskutiert wird. Die Befürworter unterstreichen natürlich, dass mit einer Änderung der Ernährung langfristige Verhaltensänderungen zu erreichen sind, denn Symptome werden nicht einfach nur unterdrückt, sondern gemildert oder ganz behoben, indem die Krankheitsauslöser gemieden werden. Gegner argumentieren, dass die Ernährungstherapie im Alltag nur schwer umsetzbar und teuer sei. Außerdem berge sie das Risiko einer Mangelernährung. Sie würde die Kinder zu Außenseitern machen; zu Sonderlingen, die es in einer Gruppe Gleichaltriger schwer hätten, weil sie ständig eine Sonderbehandlung beim Essen bekämen. Hier sollte man ganz kritisch hinterfragen dürfen, ob es

Ernährungstherapie bei ADHS wird noch immer mit sehr gegensätzlichen Argumenten diskutiert

nicht schwerer ist, ein Außenseiter zu sein, weil man wild ist, immer gleich herumbrüllt, alles kaputt macht oder den Klassenclown spielt. Und sollte etwa die Alternative zum Verzicht auf ein paar Lebensmittel Ritalin® sein, ein Medikament, dessen Langzeitwirkungen noch immer nicht ausreichend bekannt sind und deren Nebenwirkungsliste beängstigend wirkt? Wenn gar nichts mehr geht, dann kann Ritalin® die Rettung sein. Aber wenn es auch nur eine Möglichkeit gibt, auf Ritalin® zu verzichten, dann sollte man die Chance ergreifen.

Wenn Essen krank macht

Symptome einer Lebensmittelallergie

Leon isst einen Apfel. Es dauert gar nicht lange, da beginnt es in seinem Mund und in seinem Hals zu kribbeln. Auch wenn er Kiwi isst, passiert das Gleiche. Bei Klara kann es sogar richtig gefährlich werden, wenn sie aus Versehen Nüsse gegessen hat. Dann beginnt ihr Puls zu rasen, ihr Blutdruck geht in den Keller, sie bekommt Schweißausbrüche und alles dreht sich. Bei beiden ist die Diagnose nicht schwer zu stellen. Leon und Klara leiden an einer Lebensmittelallergie. Andere Nahrungsmittelunverträglichkeiten sind leider nicht so leicht zu erkennen. Wenn ein Kind häufig über so allgemeine Beschwerden wie Bauch- oder Kopfschmerzen klagt, kann das eigentlich viele Ursachen haben. Hier wird es schon viel schwieriger, den Grund des Übels aufzudecken. Doch auch Bauch- und Kopfschmerzen können von Lebensmitteln ausgelöst sein. Leider gibt es keine genauen Zahlen darüber, wie viele Menschen allergisch auf Lebensmittel reagieren. Wissenschaftler schätzen derzeit, dass europaweit etwa zwei bis drei Prozent der Erwachsenen betroffen sind. Man vermutet, dass der Prozentsatz bei Kindern noch etwas höher liegen könnte.

Der Körper kann über ganz unterschiedliche Mechanismen auf Nahrungsmittel reagieren.

Um herauszufinden, was die Krankheitssymptome auslöst, muss in drei großen Ursachengruppen gefahndet werden: bei den Allergien, Pseudoallergien und Unverträglichkeitsreaktionen.

Drei Ursachengruppen für Krankheitssymptome

Was passiert bei einer Lebensmittelallergie?

Bei einer Allergie rebelliert unser Immunsystem

Bei Allergien spielt das Abwehrsystem (Immunsystem) unseres Körpers eine wichtige Rolle. Das Immunsystem ist unsere Gesundheitspolizei. Es hat die Aufgabe, den Körper zu schützen, indem es Eindringlinge erkennt und unschädlich macht. Normalerweise sind das schädliche Viren oder Bakterien, die den Menschen krank machen, wenn sie sich ungehindert im Körper vermehren würden. Das Immunsystem hat die Aufgabe, das zu verhindern.

Doch bei einer Allergie rebelliert unser Immunsystem. Seine nützliche und lebensnotwendige Funktion richtet sich plötzlich gegen harmlose Pollen oder Nahrungsbestandteile, die für den Körper völlig ungefährlich sind. Es setzt eine überschießende Abwehrreaktion in Gang. Dazu gehört, dass Antikörper gebildet werden und Histamin freigesetzt wird. Histamin ist ein Gewebshormon, das für viele Allergiesymptome verantwortlich ist. Das reicht von lästig juckenden Quaddeln über Hautrötungen, tränenden und juckenden Augen, Heuschnupfen, Durchfall bis hin zur Verengung der Bronchien beim allergischen Asthmaanfall.

Nahrungsmittelallergien gehören meist zu den Allergien vom Sofort-Typ

Nahrungsmittelallergien gehören meist zu den Allergien vom Sofort-Typ (Typ I). Das bedeutet, dass die allergische Reaktion sofort nach dem Kontakt mit dem allergieauslösenden Stoff auftritt.

Nahrungsmittel, die am häufigsten Allergien auslösen

Prinzipiell können alle Lebensmittel eine Allergie auslösen. Am häufigsten betrifft es folgende Nahrungsmittel:

Kuhmilch: Die Allergie wird durch verschiedene Milcheiweiße ausgelöst. Unverträglich sind dann auch Milchprodukte wie Joghurt oder Quark. Auch Pudding oder Nougatcreme enthalten Milch. Bei Fertigprodukten weisen Inhaltsangaben wie Casein (Milcheiweiß), Süßmolke, Sauermolke oder Molkeprotein darauf hin, dass das Produkt Milcheiweiß enthält.

Hühnerei: Hühnereiweiß findet sich in Süßspeisen, Teig- und Backwaren und vielen Fertigprodukten. Lesen Sie deshalb die Zutatenlisten genau und suchen Sie nach Begriffen wie Vollei, Eiklar, Weißei, Eigelb oder nach Zusätzen wie »Ovo«.

Nüsse: Haselnüsse und Erdnüsse sind häufige Allergieauslöser. Selbst kleinste Spuren in nussfreien Schokoladen, die mit den gleichen Maschinen wie Nussschokoladen produziert werden, reichen dazu aus, um eine Allergie auszulösen.
Soja und Sellerie: Beide Nahrungsmittel findet man häufig in Fertigprodukten.

Es kann auch erst einige Zeit nach dem Essen zu allergischen Reaktionen kommen. Dabei handelt es sich dann um allergische Reaktionen vom Typ III oder IV. Beim Typ III stellen sich die Folgen typischerweise sechs bis acht Stunden nach dem Essen ein, bei Typ IV-Reaktionen kann die Allergie bis zu zwei Tage später auftreten.

Es kann auch erst lange nach dem Essen zu einer allergischen Reaktion kommen

Wie kann eine Lebensmittelallergie nachgewiesen werden?

Die Aufklärung einer Lebensmittelallergie ist die reinste Detektivarbeit. Neben verschiedenen Tests ist es auch hier wichtig, dass der Arzt mit dem Betroffenen ein ausführliches Gespräch führt. Dabei ist es von Vorteil, wenn bereits ein Ernährungstagebuch vorliegt, in dem über zwei bis vier Wochen alles notiert wurde, was gegessen oder getrunken wurde und welche Symptome es hervorgerufen hat. Das kann die möglichen Übeltäter im Essen schon etwas eingrenzen. Zusätzlich müssen andere Erkrankungen, die ähnliche Symptome hervorrufen, ausgeschlossen werden. Das gilt gerade für Bauchschmerzen. Hier kann eine Allergie der Grund sein, aber auch eine Glutenunverträglichkeit (Zöliakie) oder Morbus Crohn können ähnliche Symptome haben. Und gerade bei Kindern darf man nicht vergessen, dass sich Ängste, Sorgen und Stress auch als Bauchschmerzen bemerkbar machen können. Zum Nachweis einer Allergie gibt es verschiedene Haut- oder Bluttests. Zu den Hauttests zählen der Reibe-, Prick- und Intrakutantest. Hier werden Allergieauslöser je nach Verfahren in die Haut gerieben, geritzt oder gespritzt. Wenn an den jeweiligen Stellen Quaddeln entstehen, deutet das auf eine Allergie hin. Diese Tests werden häufig durch Bluttests ergänzt. In einem sogenannten RAST (Radio-Allergo-Sorbens-Test) können die spezifischen Antikörper (IgE = Immunglobulin E) nachgewiesen werden. Doch auch wenn der Haut- oder Bluttest eine Allergie nachgewiesen hat, ist das nicht gleichbedeutend damit, dass ein Lebensmittel auch eine allergische Reaktion auslöst, wenn es gegessen wird. Andererseits kann trotz negativem Testergebnis eine Lebensmittelallergie vorliegen. Deshalb können Lebensmittelallergien nur mithilfe diagnostischer Diäten und anschließender Provokation sicher nachgewiesen werden. Dabei muss der Betroffene eine Zeit lang auf die verdächtigen Lebensmittel verzichten. Bei der Provokation erhält der Patient Testmahlzeiten, in denen das verdächtige Lebensmittel versteckt ist. Treten nach dem Essen allergische Reaktionen auf, ist das der Beweis für die Allergie gegen ein bestimmtes Lebensmittel.

Zum Nachweis einer Allergie gibt es verschiedene Haut- oder Bluttests

Lebensmittelallergien können nur mithilfe diagnostischer Diäten und anschließender Provokation sicher nachgewiesen werden

Was ist eine Pseudoallergie?

Die Pseudoallergie hat das gleiche Erscheinungsbild wie eine Allergie

Die Pseudoallergie hat das gleiche Erscheinungsbild wie eine Allergie. Der entscheidende Unterschied ist jedoch, dass vom Körper keine Antikörper gebildet werden. Bei einer pseudoallergischen Reaktion bewirken Nahrungsbestandteile direkt an speziellen Zellen die Ausschüttung des Gewebshormons Histamin. Außerdem können auch histaminhaltige Nahrungsmittel eine Pseudoallergie auslösen. Beim Verdauungsprozess gelangt das Histamin über den Darm in den Körper und wirkt dort, als wäre es durch eine allergische Reaktion freigesetzt worden. Das Immunsystem ist an dieser Reaktion nicht beteiligt. Da nur das Erscheinungsbild gleich ist, die Symptome aber eine andere Entstehungsgeschichte besitzen, wird diese Reaktion Pseudoallergie genannt.

Auslöser pseudoallergischer Reaktionen

Als Auslöser pseudoallergischer Reaktionen gelten bisher Zusatzstoffe und natürliche Lebensmittelinhaltsstoffe:

Azofarbstoffe
Konservierungsstoffe
Salicyl- und Benzoesäure
Aromastoffe
Gewürze
Geschmacksverstärker
Zitronensäure und Zitrusfrüchte

Vor allem Allergiker sollten bestimmte E-Nummern meiden

E-Nummern unter Verdacht

Zusatzstoffe, die Nahrungsmitteln hinzugegeben werden, um beispielsweise Haltbarkeit, Geschmack oder ein bestimmtes Aussehen zu garantieren, müssen auf den Verpackungen angegeben werden. Viele von ihnen haben E-Nummern (E = edible = essbar), die je nach Verwendungszweck in verschiedene Gruppen aufgeteilt sind. Doch nicht alle E-Nummern sind so unbedenklich, wie sie scheinen. Vor allem Allergiker sollten sie meiden. Dazu zählen:

Farbstoffe (E 100 bis E 199)

E 102 Tartrazin gelb, E 122 Azorubin rot, E 123 Amaranth rot, E 127 Erythrosin rot

Konservierungsmittel (E 200 bis E 290)

Sie verlängern die Haltbarkeit und hemmen das Wachstum von Pilzen und Bakterien.

E 210 Benzoesäure, E 214 bis E 219 PHB-Ester, E 249 bis E 252 Nitrate

Antioxidantien/Säuerungsmittel (E 300 bis E 321)

Sie verlängern die Haltbarkeit von Nahrungsmitteln, indem sie die Reaktion von Sauerstoff mit den Lebensmittelinhaltsstoffen verhindern.

E 310 Propylgallat, E 311 Octylgallat, E 312 Dodecytgallat

Emulgatoren und Stabilisatoren

Sie ermöglichen das Vermischen von Stoffen wie Wasser und Fett und halten Speisen cremig und schaumig.

E 338 bis E 341 Phosphate

Geschmacksverstärker
E 620 bis E 625 Glutamat

Außerdem sind natürlich noch Enzyme, Verdickungsmittel oder Aromastoffe notwendig, um Fertigprodukte supermarkttauglich zu machen. Was dann auf den Tellern landet, hat häufig nichts mehr mit einem Lebensmittel zu tun, sondern ist eine optische und geschmackliche Illusion.

Auch Nahrungsmittelunverträglichkeiten können krank machen

Im Wesentlichen können zwei Störungen die Nahrungsmittelunverträglichkeiten hervorrufen. Dazu gehören der Enzymmangel und die Malabsorption. Enzyme sind Eiweiße, die chemische Reaktionen steuern und im Stoffwechsel aller Lebewesen eine bedeutende Rolle spielen. Bei einem Enzymmangel können die jeweiligen Nahrungsbestandteile nur unzureichend aufgespalten werden. Malabsorption bedeutet, dass aufgespaltene Nahrungsbestandteile nicht richtig vom Körper aufgenommen werden. Bei Nahrungsmittelunverträglichkeiten kann es sich um eine Laktoseintoleranz, Fruktoseintoleranz, Sorbitintoleranz oder Histaminintoleranz handeln.

Auch Nahrungsmittelunverträglichkeiten können krank machen

Enzymmangel

Laktoseintoleranz bedeutet die Unverträglichkeit von Milchzucker. Sie wird durch einen Mangel des Enzyms Laktase verursacht. Die Laktase hat die Auf-

Laktoseintoleranz

gabe, den Milchzucker im Darm aufzuspalten, damit er vom Körper aufgenommen werden kann. Sind die Milchzuckermoleküle im Dünndarm durch den Enzymmangel nur ungenügend verarbeitet, gelangen sie in unverändertem Zustand in den Dickdarm. Dort werden sie von den angesiedelten Bakterien vergoren. Die Abbauprodukte dieser Prozesse rufen verschiedenste Beschwerden hervor. Diese reichen von Bauchschmerzen bis zu ganz unspezifischen Beschwerden wie Kopfschmerzen, Gliederschmerzen, chronische Müdigkeit, Konzentrationsstörungen oder Schlafstörungen. Die Laktoseintoleranz kann angeboren sein oder sich im Laufe des Lebens entwickeln.

Histaminintoleranz

Bei der Histaminintoleranz handelt es sich um einen Mangel des Enzyms Diaminoxidase, dessen Aufgabe es ist, das mit der Nahrung aufgenommene Histamin abzubauen. Viele alltägliche Nahrungsmittel enthalten Histamin. Die geliebten Erdbeeren, Käse, Tomatenketchup oder das Gläschen Rotwein können durch ihren Histamingehalt Auslöser für Bauchschmerzen, Migräne, Asthma oder andere, ganz individuelle Beschwerden sein.

Malabsorption

Bei der Fruktoseintoleranz wird der Fruchtzucker vom Körper nur unzureichend aufgenommen. Das liegt an einem Defekt des »Transportsystems« in der Darmwand. Dadurch bleibt zu viel Fruchtzucker im Darm und wird von den dort angesiedelten Bakterien vergoren. Genauso wie bei der Laktoseintoleranz rufen die Abbauprodukte dann Beschwerden hervor.

Die Sorbitintoleranz kommt häufig gemeinsam mit der Fruktosemalabsorption vor. Sorbitol ist ein Zuckeralkohol, der in der Lebensmittelindustrie häufig als Zuckeraustauschstoff verwendet wird und in vielen Früchten (Birnen, Pflaumen, Äpfeln etc.) vorkommt. Auch hier ähneln die Beschwerden der Laktoseintoleranz.

ADHS durch das Essen?

Von Kritikern werden immer wieder Zweifel darüber geäußert, ob bei einer Erkrankung, deren Ursache im Hirnstoffwechsel vermutet wird, eine Diät überhaupt helfen kann. Das liegt sicherlich zu einem großen Teil daran, dass noch nicht geklärt werden konnte, nach welchem Wirkmechanismus sich das Essen auf die betroffenen Prozesse im Gehirn auswirkt. Doch die Wirksamkeit einer allergenfreien Diät konnte wissenschaftlich zweifelsfrei bewiesen werden. In einer Studie von Dr. Joseph Egger et al. konnte nachgewiesen werden, dass sich bei einer allergenfreien Diät bei 70 Prozent der Kinder mit nachgewiesenem ADHS motorische Unruhe, Impulsivität, Gedächtnisleistungen, Aufmerksamkeit und Schlafqualität deutlich verbesserten oder sogar ganz normalisierten. Eine andere Studie untersuchte mithilfe von Langzeit-EEG-Messungen (EEG ist die Messung der Hirnströme und bedeutet Elektroenzephalogramm) die Wirkung einer allergenfreien Diät. Während der Diät nahmen die REM-Schlafphasen zu und die Aufwachphasen wurden deutlich weniger. Diese Verbesse-

Die Wirksamkeit einer allergenfreien Diät konnte wissenschaftlich zweifelsfrei bewiesen werden

rung der Schlafqualität hat einen positiven Einfluss auf die Konzentrations- und Merkfähigkeit.

Die Wichtigkeit des Darms

Doch auch der Darm hat in den vergangenen Jahren zunehmend das Interesse von Wissenschaftlern geweckt. Bei ihrer Forschungsarbeit haben sie festgestellt, dass der Darm quasi einem zweiten Hirn entspricht. Er ist umhüllt von mehr als 100 Millionen Nervenzellen – das sind mehr als im Rückenmark. Außerdem gleicht das »Darmhirn« wie ein Spiegelbild dem Gehirn in unserem Kopf, denn es verfügt über die gleichen Zellarten, Botenstoffe und Rezeptoren. Ein Organ, das so ausgestattet ist, muss einfach mehr können, als Speisebrei zu verarbeiten und zu transportieren.

Wir Menschen reden schon immer von Schmetterlingen im Bauch, wenn wir verliebt sind, wir haben ein schlechtes »Bauchgefühl« oder Probleme bereiten uns nicht nur sprichwörtlich Bauchschmerzen. Was der Mensch längst instinktiv wusste und sogar in seinen Sprachgebrauch übernommen hat, haben jetzt auch neueste Forschungen bestätigt – psychische Prozesse und das Verdauungssystem sind enger miteinander verbunden, als man das bisher angenommen hatte.

Psychische Prozesse und das Verdauungssystem sind eng miteinander verbunden

Das »Darmhirn« verfügt über alles, was ein selbstständiges Nervensystem braucht. Es kontrolliert eigenständig bestimmte Reaktionen, steuert die Infektabwehr oder gibt Signale an andere Organe. Außerdem besteht eine enge, direkte Kommunikation zwischen »Darmhirn« und »Kopfhirn«. Diese Verbindung wird von Wissenschaftlern die »brain-gut-Achse« genannt (brain = Gehirn, gut = Darm). Jetzt, wo diese Zusammenhänge besser erkannt wurden, kann man sich auch die Frage stellen, ob bei ADHS-Kindern eine Störung der »brain-gut-Achse« vorliegen könnte. Dazu wurden 2004 in einer aktuellen Untersuchung im Rahmen einer Promotion interessante Daten veröffentlicht. In dieser Studie wurde ein Botenstoff der »brain-gut-Achse«, das Vasoaktive Intestinale Polypeptid (VIP), untersucht. Dafür bestimmte man die Zahl der Rezeptoren (Andockstellen) für den Botenstoff VIP im Darm von ADHS-Kindern. Dieser Botenstoff spielt eine wichtige Rolle in der Signalverarbeitung und -leitung im gesamten Nervensystem. VIP-Rezeptoren gibt es nicht nur im Darm, sondern in vielen Organen des Körpers, darunter auch im Gehirn. Bei ADHS-Kindern konnte nachgewiesen werden, dass sich die Konzentration der VIP-Rezeptoren im Darm während der allergenfreien Diät erhöhte und in der Provokationsphase, als die Kinder unverträgliche Nahrungsmittel zu sich nehmen mussten, wieder verminderte. Die Ergebnisse sind ein Hinweis darauf, dass die Verbindung von Magen-Darm-Trakt und Gehirn bei ADHS-Kindern eine besondere Rolle spielt. Um diese Daten zu bestätigen und weitere Zusammenhänge aufzudecken, müssen natürlich auf diesem Gebiet noch viele weitere Untersuchungen folgen. Doch das Wissen um die Verbindung von Darm und Gehirn und die Untersuchungsergebnisse über den Einfluss der Ernährung auf bestimmte Rezeptoren im Darm sind ein wichtiger Schritt auf dem Weg, die

Bei ADHS-Kindern – eine Störung der »brain-gut-Achse«?

Zusammenhänge von Nahrung und ADHS aufzuklären.

Kinder, bei denen der Verdacht besteht, dass die ADH-Symptome durch die Ernährung ausgelöst werden, haben häufig noch andere Beschwerden, die ebenfalls durch Nahrungsmittelunverträglichkeiten verursacht werden. Dazu können:

Beschwerden, die durch Nahrungsmittelunverträglichkeiten verursacht werden

- Bauchschmerzen, Blähungen, Durchfall, Verstopfung,
- migräneartige Kopfschmerzen,
- starkes Schwitzen,
- dunkle Augenringe,
- verschwollene Tränensäcke,
- Neurodermitis,
- chronischer Schnupfen,
- Gliederschmerzen,
- Schlafstörungen,
- Infektanfälligkeit

gehören.

Vollwertkost gegen Junkfood – gesundes Essen macht Zappelkinder ruhiger

ADHS-Kinder ernähren sich oft einseitig

Bei der Auswertung von Ernährungsprotokollen fällt immer wieder auf, dass sich ADHS-Kinder häufig sehr einseitig ernähren. Limo, Burger, Pommes und Süßigkeiten rangieren in ihrer Hitliste ganz oben, während Obst und Gemüse leider oft nur eine Nebenrolle spielen. Durch diese Ernährungsweise werden gerade die provozierenden Nahrungsmittel in großen Mengen verspeist. Ein unheilvoller Mix aus Farb- und Konservierungsstoffen, der Mangel an Vitaminen, Mineralstoffen, Spurenelementen und Fettsäuren belastet den Stoffwechsel der Kinder. Wenn durch die Umstellung auf eine vollwertige Ernährung das Junkfood verbannt wird, reicht das in vielen Fällen schon aus, um die ADH-Symptome zu mildern oder ganz verschwinden zu lassen. In der Vollwerternährung werden stark verarbeitete Nahrungsmittel gemieden. Fertigmenüs für die Mikrowelle oder Tütensuppen für den schnellen Hunger zwischendurch gibt es hier nicht. Eine vollwertige Ernährung besteht aus frischen Zutaten und liefert den Kindern alles, was ihr Körper braucht. Wenn sich nur durch die Ernährungsumstellung das Verhalten der Kinder ausreichend bessert, kann auf eine oligoantigene Diät verzichtet werden.

Wenn durch die Umstellung auf eine vollwertige Ernährung das Junkfood verbannt wird, reicht das in vielen Fällen schon aus, um die ADHS-Symptome zu mildern

Familien, die ihre Ernährung umstellen und sich vollwertig ernähren möchten, stoßen allerdings auf das Problem, dass es auch hier unter den Experten mitunter sehr unterschiedliche Meinungen darüber gibt, was eine gesunde Vollwertkost genau ausmacht. Viele Ernährungsempfehlungen stiften durch unterschiedliche Ratschläge Verwirrung. Doch auch hier gilt die Devise: Wer alle Argumente kennt, kann sich seine eigene Meinung bilden und sich besser entscheiden.

Was ist eine vollwertige Ernährung?

Was ist eine vollwertige Ernährung?

Der Begriff der vollwertigen Ernährung wurde erstmals Ende des 19. Jhs. geprägt. Später bezeichnete der Schweizer Arzt Maximilian Bircher-Benner (1867–1939), der noch heute durch sein Bircher-Müsli in aller Munde ist, frische pflanzliche Nahrung als vollwertige Ernährung. Ein weiterer Begründer der Vollwertkost ist der deutsche Arzt Werner Kollath (1892–1970), der Mitte des letzten Jahrhunderts zwischen lebendigen Lebensmitteln und den verarbeiteten und dadurch weniger wertvollen Nahrungsmitteln unterschied. Kollath teilte dafür die Lebensmittel in sechs Wertstufen ein. Dabei galten sie als umso hochwertiger, je weniger sie verarbeitet waren. Außerdem wird pflanzliche Nahrung von ihm höher bewertet als tierische. Rohkost ist nach seiner Meinung besser als Gekochtes. Er prägte den Satz: »Lasst unsere Nahrung so natürlich wie möglich!«

Lebendige Nahrung

Kollaths Wertstufen

- Natürliches, unverändertes Rohmaterial: Samen, Nüsse, Getreide, Früchte, Gemüse etc.
- Mechanisch verändertes Material: Öle, Vollkornmehl, Salate, naturtrübe Säfte etc.
- Fermentativ verändertes Material: Sauerkraut, Quark, Käse etc.
- Erhitztes Material: Brot und alle gegarten Lebensmittel

- Konserviertes Material: Konserven, Eingekochtes, Zwieback etc.
- Präpariertes Material: Margarine, Auszugsmehle, Stärke, Fabrikzucker etc.

Die ersten drei Gruppen bezeichnete Kollath als Lebensmittel, weil sie für ihn noch »lebendige« Nahrung waren. Gruppe vier bis sechs waren für ihn nur noch Nahrungsmittel, die er als minderwertig betrachtete. Nach Kollath muss man sich für eine gesunde Ernährung zu 60 Prozent aus Lebensmitteln der Gruppen eins bis drei ernähren.

Minderwertige Nahrungsmittel

Die bekannte *vitalstoffreiche Vollwertkost* nach Dr. Max Otto Bruker (1909–2001) basiert auf der Lehre Kollaths. Neben den Wertstufen, die Kollath aufgestellt hatte, beinhalten die Empfehlungen Brukers eine ausgewogene, maßvolle Ernährung, bei der pflanzliche Lebensmittel im Vordergrund stehen. Einen hohen Stellenwert hat bei Bruker die Frischkost. In seinen Empfehlungen bevorzugt er die Ernährung mit saisonalen, biologisch angebauten Produkten. Besonders bekannt dürfte das Frischkorngericht von Dr. Bruker sein, das aus frisch geschrotetem, eingeweichtem Getreide, geriebenem Apfel und anderen Obstsorten der Saison und einem Schuss Sahne besteht. Wer es einmal gegessen hat, wird freiwillig auf jedes Fertigmüsli verzichten. Lange Zeit waren die Ernährungsempfehlungen Brukers sehr umstritten, da sie in der Vergangenheit geradezu konträr zu den gängigen

Ernährungsempfehlungen waren. Doch heute findet man viele seiner Standpunkte auch in anderen Empfehlungen wieder.

Köstlich und gesund

Rezept: Frischkornbrei

Der Frischkornbrei kann aus einer einzelnen Getreideart oder aus einer Mischung hergestellt werden. Dazu können Weizen, Hafer, Gerste, Roggen, Dinkel und Hirse gemischt werden.
Pro Person berechnet man drei Esslöffel Getreide, das mit einer Getreidemühle grob geschrotet wird. Mahlen Sie nicht auf Vorrat, sondern immer frisch, denn wenn der Getreideschrot mit Luft in Berührung kommt, gehen durch Oxidationsprozesse wertvolle Inhaltsstoffe verloren.
Der Getreideschrot wird mit kaltem Wasser zu einem Brei verrührt und mehrere Stunden stehen gelassen (idealerweise den Schrotbrei abends ansetzen, wenn man den Frischkornbrei zum Frühstück essen möchte).
Jetzt ist die »Basis« des Frischkornbreis fertig.
Lecker zubereitet wird er am nächsten Morgen mit einem geriebenen Apfel und anderem frischen Obst der Jahreszeit. Manchmal darf es auch noch ein Teelöffel Honig sein. Außerdem kommen noch geriebene Nüsse hinzu. Der Clou ist der Esslöffel Sahne. Geschlagene Sahne macht den Frischkornbrei besonders lecker.

Der Begriff der *Vollwert-Ernährung* wurde in der Form erstmals 1981 verwendet. Eine Arbeitsgruppe um den Ernährungswissenschaftler Claus Leitzmann prägte den Begriff in den Ernährungsempfehlungen, die auch als Gießener Konzeption bekannt sind. Sie basiert ebenfalls auf den Erkenntnissen Bircher-Benners und Kollaths. Danach soll die Vollwert-Ernährung aus genussvollen, bekömmlichen Speisen bestehen und überwiegend pflanzliche Lebensmittel enthalten. Auch in der Vollwert-Ernährung soll reichlich Frischkost gegessen werden. Gering verarbeitete Lebensmittel haben Vorrang. Sie berücksichtigt auch ökologische und gesellschaftliche Aspekte. Deshalb werden ökologisch erzeugte, saisonale Produkte empfohlen. Sie sollen fair gehandelt werden und umweltverträglich verpackt sein.

In der Vollwert-Ernährung soll reichlich Frischkost gegessen werden

Außerdem gibt es Ernährungsempfehlungen, die auf der *vollwertigen Ernährung* nach den Regeln der Deutschen Gesellschaft für Ernährung (DGE) beruhen. Sie basieren darauf, dass es bestimmte Mindestwerte für die Nährstoffzufuhr gibt, die durch die tägliche Nahrungsaufnahme gedeckt werden sollen. Dafür gibt es für alle Nährstoffe sogenannte Referenzwerte. Ein Beispiel dafür wäre die Empfehlung der DGE, dass sieben- bis zehnjährige Kinder täglich 900 Milligramm Kalzium aufnehmen sollen. Außerdem wird in den Empfehlungen der DGE der Energiegehalt (Kalorien) und die Nährstoffdichte von Lebensmitteln berücksichtigt. Dabei haben Nahrungsmittel den Vorrang, die viele Nährstoffe bei möglichst wenig Kalorien besitzen. Die DGE

Ernährungsempfehlungen der DGE

hat 10 Regeln für eine vollwertige Ernährung aufgestellt. Einige davon sind: Vielseitig essen, reichlich Getreideprodukte und Kartoffeln, fünf Portionen Obst und Gemüse täglich, täglich Milch und Milchprodukte, wenig Fett und Zucker, Salz in Maßen oder reichlich trinken.

Naturbelassene Nahrung

Kern der Vollwertkost – naturbelassene Nahrung

Das Beste, was Sie essen können:
Vollkornprodukte
frisches Obst und Gemüse
naturbelassene Fette (kaltgepresste Öle)

Das sollten Sie meiden:
Fabrikzucker (dazu gehören weißer und brauner Zucker, Traubenzucker, Fruchtzucker, Ur-Süße, Malzzucker etc.)
Auszugsmehl und Produkte daraus
Fertigprodukte, Konserven

Vollkorn

Die Vorzüge des vollen Korns

Getreide hat einen hohen Gehalt an Vitaminen, Mineralstoffen und enthält pflanzliches Eiweiß. Diese wertvollen Inhaltsstoffe befinden sich vorwiegend in den Randschichten und im Keimling des Korns. Außerdem besteht das Korn noch aus dem Stärkekern. Er ist sehr kohlenhydratreich, da Stärke ein langkettiger Zucker (Poly-

saccharid) ist, der im menschlichen Stoffwechsel später durch Verdauungsenzyme so weit aufgespalten wird, bis nur noch ein Einfachzucker (Glukose = Traubenzucker) übrig bleibt.
Bei der Herstellung von Vollkornmehl wird das gesamte Korn vermahlen. Das Auszugsmehl besteht dagegen hauptsächlich aus dem Stärkekern. Die wertvollen Randschichten und der Keimling fehlen hier. So befinden sich in 100 Gramm Korn 0,47 Milligramm Vitamin B_1, in 100 Gramm Auszugsmehl sind davon nur noch 0,06 Milligramm übrig. Ähnlich verhält es sich mit Vitamin B_2, Vitamin E, Folsäure, Magnesium oder Eisen.

Wenn Kinder zu den absoluten Junkfood-Liebhabern gehören, ist es sicherlich nicht einfach, ihnen das gesunde Essen schmackhaft zu machen

Wenn Kinder zu den absoluten Junkfood-Liebhabern gehören, ist es sicherlich nicht einfach, ihnen das gesunde Essen schmackhaft zu machen. Am besten ist natürlich eine vollwertige Ernährung von Geburt an. Das ist am Anfang natürlich die Muttermilch. Doch wenn der Zeitpunkt gekommen ist, dass das Stillen nicht mehr ausreicht, stehen viele Mütter ratlos vor dem Supermarktregal und wissen nicht, welches Babymenü für ihren Sprössling das beste ist. Doch sie grübeln ganz umsonst, denn selbst gekocht, aus frischen Zutaten, die im Idealfall aus biologischem Anbau stammen – das ist das Beste fürs Kind. Auch wenn die Babykosthersteller damit werben, dass die Zutaten der Babynahrung kontrolliert werden und die Mahlzeiten die ideale Nährstoffzusammensetzung hätten, ändert es nichts daran, dass die Kinder sich schon als Baby an den Einheitsgeschmack gewöhnen. Muttis Essen dagegen schmeckt jedes Mal ein wenig anders. Das Kind kann seine Geschmackssinne trainieren und wird später nicht zu denen gehören, die bei selbstgemachtem Erdbeerjoghurt angewidert das Gesicht verziehen, weil der vertraute Kunstgeschmack fehlt.

Wussten Sie, dass Erdbeerjoghurt keine Erdbeeren braucht, um nach Erdbeere zu schmecken?

In einer Untersuchung von Stiftung Warentest kam ans Licht, dass selbst bei den Erdbeerjoghurts mit dem höchsten Fruchtanteil im Durchschnitt nur eine Erdbeere pro Becher enthalten war.

Außerdem waren sie voll von natürlichen oder naturidentischen Aromen. Doch was so natürlich klingt, ist es bei weitem nicht. Die Bezeichnung »natürliches Aroma« besagt lediglich, dass der Aromastoff aus einem natürlichen Rohstoff gewonnen wurde. Das können Pflanzen oder Tiere sein. So kann Vanillearoma aus Phenylpropan, das im Holz von Bäumen vorkommt, hergestellt werden. Dann gibt es noch die »naturidentischen Aromen«. Bei ihnen wird im Labor die chemische Struktur des Originals nachgebaut. Bei den »künstlichen Aromen« handelt es sich um Labor-Aromen, die nichts mit dem

Der Geschmack mancher Nahrungsmittel ist nur eine Illusion

natürlichen Vorbild gemeinsam haben, aber ähnlich schmecken.
Und wenn ein Joghurt keine oder kaum Erdbeeren enthält, muss man sich fragen, woher dann die schöne erdbeerige Farbe kommt. Spätestens jetzt kennen Sie vermutlich die Antwort – dafür gibt es dann eine ganze Palette an Farbstoffen.

Werden unsere Kinder zu Geschmacks-Analphabeten?

Geschmackstests bei Kindern haben gezeigt, dass viele von süß, salzig, bitter, sauer oder scharf nur noch zwei Geschmäcker herausfinden können. Werden unsere Kinder zu Geschmacks-Analphabeten? Das zu verhindern, hat sich die Initiative Eurotoques (*www.eurotoques.de*) zur Aufgabe gemacht, indem sie zusammen mit Spitzenköchen Geschmackstrainings für Kinder anbietet.
Außerdem ist die Gläschenkost durch das Einwecken nur noch eine minderwertige Konserve. Andere Fertigmenüs, wie sie jetzt für die »Großen« in den Regalen stehen, müssen nicht mal gekühlt gelagert werden. Das heißt, dass sie jede Menge Konservierungsstoffe enthalten müssen. Frisches Essen könnte nicht wochenlang in den Regalen liegen, ohne zu vergammeln.
Deshalb ist ein weiterer Vorteil selbst zubereiteter Mahlzeiten, dass sie keine Zusatzstoffe enthalten, die bei industriell verarbeiteten Nahrungsmitteln notwendig sind, um Haltbarkeit, Geschmack, Konsistenz oder Aussehen zu garantieren. Dieser Punkt ist für ADHS-Kinder von besonderer Bedeutung, denn gerade die Zusatzstoffe in der Nahrung ran-

gieren auf der Unverträglichkeitsliste ganz oben. Doch nicht nur die Gesundheit von ADHS-Kindern leidet unter diesen ungesunden Inhaltsstoffen. Viel Zucker und Zitronensäure macht die Zähne kaputt. Zahnärzte schlagen immer häufiger Alarm, dass mittlerweile nicht nur Zucker ein Zahnkiller ist, sondern die Zitronensäure in Teezubereitungen oder Säften den Zahnschmelz angreift und die Zähne der Kinder schon im Kleinkindalter ruiniert. Für ADHS-Kinder kommt noch hinzu, dass Zitronensäure für sie häufig unverträglich ist. Außerdem verstärkt Zucker bei vielen Zappelkindern die ADHS-Symptome. Wenn sie viel Süßes essen, sind sie unruhig und unausgeglichen. Bei manchen ist die Hyperaktivität dann so schlimm, dass sie buchstäblich über Tische und Bänke gehen.

Zucker verstärkt bei vielen Zappelkindern die ADHS-Symptome

Wussten Sie, dass Zucker vor allem in versteckter Form gegessen wird?

Und dabei sind es nicht nur die Süßigkeiten, die den Zucker einschmuggeln. Tomatenketchup kann bis zu 50 Prozent Zucker enthalten. Gummibärchen sind mit bis zu 70 Prozent reine Zuckerbomben. Und sogar in Senf ist Zucker versteckt.
Gerade die speziellen Kinderprodukte sind überdurchschnittlich süß.

Besonders spezielle Kinderprodukte sind mit Vorsicht zu genießen. Bunte Verpackungen, die häufig noch mit kleinen Spielzeug-Zugaben interessant gemacht werden, locken die Kinder an die Supermarktregale. Auch die Werbung leistet hier ihren Beitrag. Sie nutzt ganz gezielt die Neugier und den Spieltrieb der Kinder aus. Und den Eltern suggeriert sie so ganz nebenbei, dass sie ihren lieben Kleinen mit den Produkten ganz leicht und ohne großen Aufwand etwas Gutes tun. Schließlich wollen Eltern nur das Beste für ihr Kind. Vitamine für die Gesundheit, Kalzium für die Knochen oder Traubenzucker als Energiespender für das Gehirn. Ganz nach dem Motto »Gesundheit leicht gemacht«. Doch diese vermeintlich gesunden Kinderprodukte enthalten oft zu viel Zucker. Außerdem sind sie nicht reich an Vitaminen, sondern an Farb-, Aroma- und Konservierungsstoffen, an Säuerungsmitteln, Stabilisatoren oder Emulgatoren. Und da viele Kinder jede Menge dieser schönen, vermeintlich speziell auf die Gesundheit der Kinder abgestimmten Produkte essen, nehmen sie bestimmte, bedenkliche Inhaltsstoffe in viel zu großen Mengen auf. Das ist für alle Kinder ungesund.

Die vermeintlich gesunden Kinderprodukte enthalten oft zu viel Zucker

Selber kochen lautet also die Devise! Oder ihren Kindern geht es irgendwann wie der kleinen Anna. Die war nämlich ganz erstaunt, als sie bei einer Freundin zu Besuch war und dort sah, wie deren Mutter Kartoffeln zu Kartoffelbrei stampfte. »Was, Kartoffelbrei kann man selber aus Kartoffeln machen? Das wusste ich nicht. Bei uns zu Hause kommt er immer aus der Tüte.« Auch wenn die Kinder nicht vom Babyalter an daran gewöhnt sind, ist es kein Grund, sich entmutigen zu lassen. Für ge-

Selber kochen lautet die Devise!

sundes Essen ist es nie zu spät. Mit Geduld, Einfühlungsvermögen, ohne erhobenen Zeigefinger und ein wenig Einfallsreichtum kann man alle Kinder für gesundes Essen begeistern.

So können Sie Ihre Kinder doch noch an gesundes Essen gewöhnen

Kleine Trickkiste, wie aus Junkfood-Fans Vollwertprofis werden

- Seien Sie Vorbild bei der gesunden Ernährung, denn wenn auf Ihrem Teller die Pommes liegen und die Kinder die gesunden Sachen bekommen, sind Sie unglaubwürdig.
- Verwenden Sie frische Zutaten, dann schmeckt es besonders gut.
- Pflegen Sie gemeinsame Mahlzeiten, denn Esskultur gehört auch zur gesunden Ernährung.
- Genießen Sie das Essen, denn Essen bedeutet neben Gesundheit auch Spaß und Genuss.
- Lassen Sie die Kinder mitkochen, denn das Gemüse schmeckt am besten, wenn man es selbst geschnippelt hat.
- Kündigen Sie das Essen nicht damit an, dass es besonders gesund sei, bei Vollwertmäklern haben Sie dann schon verloren.
- Lassen Sie ungeliebtes Gemüse in Suppen und Soßen verschwinden, indem Sie es pürieren.
- Besprechen Sie den Speiseplan mit den Kindern, denn wenn sie mitgestalten dürfen, haben sie auch mehr Spaß am Essen.
- Größere Kinder können schon mal alleine etwas Leckeres und Gesundes für die Familie kochen. Das macht stolz und hungrig.

Gesundes Essen sollte eine Selbstverständlichkeit sein. Davon profitiert nicht nur das ADHS-Kind, sondern die gesamte Familie.

Oligoantigene Diät – der Allergiedetektiv für schwere Fälle

Leider erweist sich die Suche nach unverträglichen Nahrungsmitteln in der Praxis häufig als schwierig. Und das ist nicht verwunderlich, wenn man sich vor Augen führt, was ein Mensch im Laufe eines Tages alles isst.

Machen Sie den Test: Notieren Sie einen Tag lang alles, was Sie essen!

Schon allein zum Frühstück nehmen wir eine Unmenge an möglichen Allergieauslösern auf

Auch wenn man nur das Frühstück betrachtet, stößt man bereits auf eine Unmenge an Nahrungsbestandteilen, auf die der Körper reagieren kann. Selbst im harmlosen Brot können verschiedene Getreidesorten den Körper rebellieren lassen. Im Müsli kommen noch Zucker, Früchte und Nüsse hinzu. Auch das beliebte Glas Milch, zu dem gerade Kinder häufig gedrängt werden, rundet die Möglichkeiten ab, schon beim Frühstück genügend Allergene aufzunehmen. Gänzlich unübersichtlich wird es jedoch dann, wenn besonders viele industriell verarbeitete Fertigprodukte gegessen werden. Ob Joghurtzubereitungen, Tiefkühlpizzen, Tütensuppen, Dosenfutter aller Art, Kekse und Knabbereien oder Süßigkeiten – alle enthalten eine Vielzahl an Zusatzstoffen, die es unmöglich macht, hier einen einzelnen Bestandteil als Ursache für Beschwerden zu entlarven. Die Zutatenlisten sind für den Laien häufig unverständlich und lesen sich fast schon wie die Beipackzettel von Medikamenten.

Beim Einkauf die Zutatenliste lesen

Machen Sie den Test: Lesen Sie bei Ihrem nächsten Einkauf doch mal aufmerksam die Zutatenlisten auf verschiedenen Produkten!

In einem Wust von Geschmacksverstärkern, Farbstoffen, Konservierungsmitteln oder Emulgatoren geht der Überblick schnell verloren. Denn um ein Fertigprodukt geschmacklich und im Aussehen immer gleich erscheinen zu lassen und zusätzlich eine lange Haltbarkeit zu erreichen, sind eine Unmenge an Zusatzstoffen notwendig.
Wenn man die vielen möglichen Krankheitsauslöser betrachtet, stellt sich jetzt die Frage, wie man ihrer Herr werden kann.

Mit herkömmlichen Allergietests werden leider nur Allergien vom Soforttyp erkannt

Mit herkömmlichen Allergietests werden leider nur Allergien vom Soforttyp (s. Kapitel »Wenn Essen krank macht«, S. 82) erkannt. Sie stellen bei Nahrungsmittelunverträglichkeiten jedoch nur einen kleinen Teilbereich dar. Auch Pseudoallergien oder einfache Unverträglichkeitsreaktionen können ADHS verursachen. Damit diese nicht unentdeckt bleiben, braucht es eine systematische Methode wie die oligoantigene Diät. Bei der oligoantigenen Diät handelt es sich um eine Auslassdiät. Sie be-

ginnt mit einer Testphase, in der nur sehr wenige (oligo = wenig, selten), als unverdächtig geltende Lebensmittel gegessen werden dürfen.
Diese Diät wurde von dem Mediziner Joseph Egger, damals Arzt am Haunerschen Kinderspital in München, entwickelt. Ursprünglich diente die Diät dazu, bei Kindern, die unter Migräne litten, unverträgliche Nahrungsmittel als Schmerzauslöser aufzuspüren. Damals fiel auf, dass sich bei Kindern, bei denen sich durch die Diät die Migräne besserte, auch das Verhalten änderte. Sie wurden ruhiger und ausgeglichener. Diese Feststellung ließ den Schluss zu, dass Nahrungsmittelunverträglichkeiten nicht nur die Ursache für Migräne, sondern auch für Verhaltensauffälligkeiten sein können.
In den vergangenen 30 Jahren wurde in verschiedenen Studien bestätigt, dass die oligoantigene Diät sehr gut dazu geeignet ist, unverträgliche Nahrungsmittel aufzuspüren. Dazu zählen Farb- und Konservierungsstoffe, Kuhmilch, Schokolade, Käse, Getreide oder Ei. Dabei spielt der immunologische Prozess, der der Unverträglichkeitsreaktion zugrunde liegt, keine Rolle.

Die oligoantigene Diät ist sehr gut dazu geeignet, unverträgliche Nahrungsmittel aufzuspüren

In der Testphase, mit der die Diät beginnt, stehen ausgewählte, allergisch unverdächtige Lebensmittel auf dem Speiseplan. Viele haben Bedenken, was sie den Kindern jetzt überhaupt noch zu essen geben können. Aber das Angebot erlaubter Nahrungsmittel in der Zeit dieser Basisdiät ist größer, als viele befürchten. Fertigprodukte zählen natürlich nicht dazu. Aber Kartoffeln, Reis, Obst (aber keine Zitrusfrüchte) und Gemüse, Sonnenblumenkerne,

Apfel- oder Birnenfein zum Süßen, Lamm-, Kaninchen-, Hühner- oder Putenfleisch, Amaranth, Buchweizen sind beispielsweise erlaubt. Diese Basisdiät dauert etwa drei bis vier Wochen. In der Ernährungsberatung der Spezialsprechstunde für ADHS an der Kinderklinik und Poliklinik der Technischen Universität München erhalten die Familien für 21 Tage Rezeptvorschläge für komplette Tagesmenüs. Das erleichtert die Umstellung der Ernährungsgewohnheiten in den Familien natürlich enorm. Diese Basisdiät ist nicht als Dauerernährung geeignet. Dazu ist sie viel zu einseitig und würde zwangsläufig zu einer Mangelernährung führen. Deshalb werden in dieser Phase der oligoantigenen Diät wichtige Vitamine, Mineralstoffe und Spurenelemente als Nahrungsergänzung hinzugegeben.

Dies alles darf man sogar bei der Basisdiät essen

Beispiel für ein Tagesmenü

Frühstück:
Brot aus den erlaubten Stärkesorten (Buchweizenmehl, Reismehl, Quinoamehl, Kartoffelmehl, Kichererbsenmehl)
als süßer Aufstrich Apfelfein (aus dem Reformhaus)

Mittag:
Bunter Reis mit Hähnchenbrustfilet (1 Portion)
1 Tasse Naturreis
Karotten und Erbsen
1 Hähnchenbrustfilet
Pfeffer, Salz, Rosenpaprika

Sonnenblumenöl zum Braten
Kräuter

Den Reis in wenig Salzwasser garen (das geht schneller, wenn er für einige Stunden eingeweicht war).
Die Karotten in dünne Scheiben hobeln und zusammen mit den Erbsen (Erbsen eignen sich tiefgekühlt) kochen.
Das Hähnchenbrustfilet mit Pfeffer, Salz und Rosenpaprika würzen und in der Pfanne in Sonnenblumenöl braten. Vor dem Servieren wird das Gemüse unter den Reis gemischt. Eventuell nachwürzen. Außerdem sind frische Kräuter über dem Reis besonders lecker.

Nachtisch:
Selbstgemachtes Himbeereis
Gefrorene Himbeeren müssen leicht auftauen, aber so, dass sie noch nicht weich und matschig werden. Dann fügen Sie zum Süßen Apfel- oder Birnendicksaft hinzu und vermengen alles mit einem Pürierstab, bis eine noch feste Masse entstanden ist. Unter Garantie wird dieses Eis ein Hit – und zwar nicht nur bei Kindern, die gerade eine Diät machen müssen.

Abend:
Abends gibt es wieder das Spezialbrot. Um es aufzupeppen, eignet sich als Belag ein Putenfleischpflanzerl (die lassen sich leicht auf Vorrat produzieren).

Eingeschränktes, aber durchaus leckeres Essen

Teil des Tagesmenüs bei der oligoantigenen Diät

Putenhackfleisch
Zwiebeln
Pfeffer
Salz
Rosenpaprika
Kräuter nach Geschmack.

Fleischklößchen formen und in Sonnenblumenöl ausbacken.

Dazu ist ein Salat sehr lecker und gesund. Grüner Salat mit Gurken und Paprika wird nach Vorlieben abgeschmeckt (mit Öl und Kräutern, auch Obstessig ist erlaubt).
In die Fleischbällchen lässt sich übrigens ganz hervorragend Gemüse einschmuggeln. Einfach etwas Gemüse (Karotten, Kohlrabi, Fenchel oder Zucchini) ganz fein hobeln und mit in die Fleischmasse geben.
Wichtig ist, dass gut gewürzt wird, denn fades Essen lockt niemanden an den Tisch.

Zwischenmahlzeiten:
Für zwischendurch eignen sich Reiswaffeln, Puffreis oder eine Obstmahlzeit. (Achtung! Zitrusfrüchte sind NICHT erlaubt.)

Getränke:
Wasser, Mineralwasser, Kräutertees, Säfte aus 100 Prozent Fruchtsaftkonzentrat ohne Zuckerzusatz, selbstgepresste Säfte

Um die Wirksamkeit der oligoantigenen Diät besser beurteilen zu können, werden die Kinder vor der Diät gründlich untersucht. Neben der körperlichen Untersuchung wird eine ausführliche psychologische Diagnostik durchgeführt. Dazu zählen Intelligenztests, Konzentrationstests und Tests, um Teilleistungsschwächen zu erkennen. Um Verhaltensänderungen der Kinder zu dokumentieren, führen Eltern in der Diätzeit die sogenannte Connorskala, eine Art Symptombarometer. Darin vergeben sie Punktwerte für bestimmte Verhaltensweisen wie beispielsweise die Neigung zu Wutausbrüchen, häufiges Weinen, dauerndes Zappeln, Erregbarkeit, Unruhe oder extreme Stimmungsschwankungen. Diese Bewertung des Verhaltens ist für Eltern und Therapeuten ein gleichermaßen wichtiges Hilfsmittel, um Veränderungen objektiv einschätzen zu können. Nach dem Abschluss der Basisdiät werden die Kinder noch einmal von einem Psychologen untersucht. Wenn die Ursache für ADHS eine Nahrungsmittelunverträglichkeit ist, wird es während der Basisdiät zu einer Verbesserung der ADHS-Symptomatik kommen. Nur in diesem Fall folgt jetzt die Provokationsphase. Das ist die Zeit, in der der Speiseplan Schritt für Schritt wieder erweitert wird. Natürlich haben dabei besonders wichtige, gesunde Lebensmittel, die den Kindern gut schmecken, Vorrang. Jedes Lebensmittel wird einzeln in den Speiseplan aufgenommen. Auf diese Weise kann eine Unverträglichkeit ganz konkret zugeordnet werden. Die Wiedereinführung eines neuen Lebensmittels dauert jeweils fünf Tage.

Vor der Diät werden die Kinder gründlich untersucht

Wenn die Ursache für ADHS eine Nahrungsmittelunverträglichkeit ist, wird es während der Basisdiät zu einer Verbesserung der ADHS-Symptomatik kommen

Wenn sich die ADHS-Symptome in dieser Zeit nicht verschlechtern, kommt das nächste Lebensmittel an die Reihe. Treten jedoch wieder vermehrt Unruhe, Konzentrationsstörungen oder andere ADHS-Symptome auf, wird das betreffende Nahrungsmittel sofort abgesetzt.

Die Provokationsphase kann sich über einen Zeitraum von bis zu sechs Monaten erstrecken

Diese Phase der Diät kann sich über einen Zeitraum von bis zu sechs Monaten erstrecken. Am Ende der Provokationsphase hat sich der Speiseplan wieder deutlich erweitert. Das Ziel, für die Kinder eine ganz individuell angepasste Diät zu finden, in der nur einzelne, unverträgliche Lebensmittel gemieden werden müssen, ist erreicht.

Die Zeit der Diät ist nicht leicht

Unbestritten ist die Zeit der Diät nicht leicht und gerade Kinder können sie nicht ohne Hilfe und Unterstützung durch ihre Familien erfolgreich durchführen.
Das Umfeld der Kinder spielt eine wichtige Rolle.

Bitten Sie in Kindergarten, Schule oder Hort um einen Gesprächstermin und informieren Sie über die geplante Diät.
Sprechen Sie mit näheren Bezugspersonen wie zum Beispiel Tanten, Omas, netten Nachbarinnen und beziehen Sie sie mit ein, denn nichts ist kontraproduktiver als eine engagierte Tante, die lautstark fragt, wieso das arme Kind »nichts Gescheites zu essen« bekommt.

Zum einen werden durch die Einweihung näherer Bezugspersonen unentdeckte Diätfehler vermieden, die das Resultat der gesamten Diätphase zunichte machen können, und zum anderen erleichtert das Verständnis der Umwelt den Kindern natürlich auch den ein oder anderen harten Diättag.

Außerdem betont Frau Edith Riemann von der Ernährungsberatungsstelle der Kinderklinik und Poliklinik der Technischen Universität München, dass der Zeitpunkt, an dem mit dieser Diät begonnen wird, gut gewählt sein sollte. Eine strenge Diät, die in der Vorweihnachtszeit beginnt, hat schlechte Aussichten auf Erfolg. Das ist verständlich, wenn man sich überlegt, wie schwer es fallen muss, dabei zuzuschauen, wie alle Lebkuchen und andere Leckereien genießen. Es gibt wohl kaum ein Kind, dem man so viel Disziplin zumuten könnte.

Der Zeitpunkt des Diätbeginns sollte gut gewählt sein

Was ganz besonders wichtig ist – die oligoantigene Diät darf nie in Eigenregie durchgeführt werden. Sie muss von ernährungsmedizinisch qualifizierten Ärzten oder DiätassistentInnen begleitet werden. Diese Spezialisten können genau einschätzen, in welcher Phase der Diät bestimmte Nährstoffe wie Kalzium, Eisen, Vitamine, Mineralstoffe oder Spurenelemente hinzugegeben werden müssen. Das ist vor allem während der Basisdiät, in der der Speiseplan mit zehn Lebensmitteln besonders eingeschränkt ist, der Fall.

Die oligoantigene Diät darf nie in Eigenregie durchgeführt werden

Nach Abschluss der oligoantigenen Diät ist der Speiseplan wieder reichhaltiger. Trotzdem sollten die unverträglichen Nahrungsmittel einmal jährlich getestet werden, denn es besteht die Möglichkeit, dass sie wieder vertragen werden.

Die Kinder müssen der Diät zustimmen

Man muss es noch einmal wiederholen: Die Zeit der Diät ist für die Kinder und ihre Familien mit Sicherheit nicht einfach. Alle müssen mitziehen, damit sie gelingen kann. Vor allem die ersten vier Wochen, in denen der Speiseplan besonders eingeschränkt ist, stellen eine große Herausforderung dar. In erster Linie müssen die Kinder natürlich überhaupt mit der Diät einverstanden sein. Ohne ihre Zustimmung und Mitarbeit geht nichts. Aber auch die gesamte Familie steht vor einer Herausforderung. Damit die Diät gelingen kann, müssen alle mitziehen. Es wäre schlimm für das ADHS-Kind, wenn Eltern und Geschwister weiterhin alles essen dürfen und es selber muss im Augenblick mit zehn Nahrungsmitteln auskommen. Außerdem hat es schon so manchen Eltern für ihre eigene Gesundheit genutzt, die Diät konsequent mitzumachen. Es ist nicht selten, dass von ADHS-Kindern mindestens ein Elternteil selber betroffen ist. Gerade sie profitieren ebenfalls von dieser Ernährung.

Versuchen Sie auch unter den erschwerten Bedingungen der oligoantigenen Diät, das Essen nicht zum Hauptthema werden zu lassen!

Da die oligoantigene Diät keine Dauerernährung darstellt, sondern nur ein Instrument ist, um unverträgliche Nahrungsmittel aufzuspüren, ist diese schwere Zeit begrenzt. Am Ende der Diät, wenn ein individueller, allergenfreier Ernährungsplan aufgestellt wurde, kann das Essen wieder abwechslungsreicher gestaltet werden. Doch auch hier gilt, mit den Besonderheiten in der Ernährung möglichst normal und unverkrampft umzugehen. Sie sollten nicht ständig thematisiert, aber auch nicht wie ein Geheimnis gehütet werden. Das gibt dem Kind die Chance, unverkrampft mit seinem Handicap beim Essen umzugehen. Auch Kindergeburtstage oder Gemeinschaftsessen in Kindergarten oder Hort, bei dem es ab und zu eine »Extrawurst« bekommen muss, sind dann kein Problem mehr.

Am Ende der Diät kann das Essen wieder abwechslungsreicher gestaltet werden

Fallbeispiel

Fallbeispiel

Josephine ist ein nettes, aufgewecktes Mädchen. Sie brachte die Neurodermitis quasi mit auf die Welt. Seit sie fünf Wochen alt war, »blühte« ihre Haut. Leider konnte sie nicht lange gestillt werden und musste mit allergenarmer Spezialmilch aus der Flasche aufwachsen. Als die Zeit der Beikost gekommen war, ging es aber erst richtig los. Nicht nur das Gesicht, auch Hände, Arme, Beine und Füße »blühten«. Die Eltern begannen, sich über den Zusammenhang von Neurodermitis und Ernährung zu informieren und besuchten eine Ernährungsberatung. Daraufhin verzichteten sie bald auf Milch und Eier. Fleisch und Wurst wurde nur sehr eingeschränkt angeboten. Süßig-

keiten wurden gar nicht erst eingeführt. Dafür gab es viel Obst, Gemüse und Vollkornprodukte.
Zu Hause wurde das Essen für alle immer so zubereitet, dass es Josephine essen konnte. Süßes vermisste sie nicht.

Fallbeispiel – wie man mit einer notwendigen Ernährungsumstellung umgehen kann

Verblüffenderweise kamen Kommentare wie: »Das arme Kind, was darf es denn überhaupt essen?« oder »Die Arme, darf sie keine Schokolade essen?« immer nur von Außenstehenden, die sich ein lebenswertes Dasein wohl nur mit einem reichhaltigen Speiseplan vorstellen konnten. Josephine selbst fühlte sich nie benachteiligt und konnte auch auf Kinderfesten unverkrampft mit dem Thema umgehen. Nette Mütter bereiteten ihr manchmal auf den Partys etwas extra zu, manchmal nahm sie auch etwas mit. Wenn Kinder fragten, erklärte sie, dass es ihr schlecht gehe, wenn sie alles essen würde. Der selbstverständliche Umgang mit den Ernährungsbesonderheiten hat ihr geholfen, ihre Ernährung als normal zu empfinden.
Heute geht es ihr besser. Eier verträgt sie allerdings noch immer nicht. Doch das ist kein Problem für sie oder ihre Familie.

Obwohl die oligoantigene Diät schon seit Jahren erfolgreich angewendet wird und ihre Wirksamkeit in vielen Studien bestätigt werden konnte, sind die Kritiker noch immer nicht verstummt. Sie sagen, die Umsetzung dieser eingeschränkten Ernährung sei problematisch. Es bestünde die Gefahr einer Mangelernährung und die Diät sei teuer. Diese Argumente sind jedoch alle leicht zu entkräften. In der strengen Anfangsphase der Diät erhalten die Kinder Nahrungsergänzungsmittel, um einem Mangel an Vitaminen, Mineralstoffen oder Spurenelementen vorzubeugen. Außerdem überwachen Ärzte und/oder DiätassistentInnen den Verlauf der Diät. Der besonders eingeschränkte Speiseplan ist nur von kurzer Dauer. Am Ende der Diätphase steht ein individueller Ernährungsplan, von dem lediglich die unverträglichen Nahrungsmittel gestrichen wurden. Möglicherweise sind gesunde, frische Lebensmittel etwas teurer als Fertigprodukte, doch dieses Geld ist eine Investition in die Gesundheit des Kindes und der gesamten Familie.

Sicherlich ist die Diätphase manchmal nicht leicht und verlangt im Vergleich zur Behandlung mit Psychostimulanzien ein größeres Engagement der gesamten Familie, doch langfristig ist sie besser. Denn Psychostimulanzien wie Ritalin® können zahlreiche Nebenwirkungen haben und über die Langzeitfolgen einer Ritalin®-Therapie gibt es immer noch keine ausreichenden Daten. Außerdem vermindern sich durch die Ernährungstherapie auch andere Begleitsymptome wie Kopfschmerzen, Bauchschmerzen, Gliederschmerzen oder Schlafstörungen, unter denen ADHS-Kinder nicht selten zusätzlich leiden.

Die Diätphase ist manchmal nicht leicht und verlangt im Vergleich zur Behandlung mit Psychostimulanzien ein größeres Engagement der gesamten Familie

Mittlerweile gibt es erste wissenschaftliche Erklärungen dafür, auf welchem Weg die Ernährung Störungen im Gehirnstoffwechsel verursachen kann.

Hinweise, dass die Rezeptoren für den Nervenbotenstoff VIP (Vasoaktives Intestinales Polypeptid) im Dünndarm durch Allergene in der Nahrung vermindert werden, konnten in ersten Untersuchungen bestätigt werden (s. Unterkapitel »ADHS durch Essen?«, S. 93).

Die allergenfreie Ernährung wäre sicherlich auch für Erwachsene einen Versuch wert

In welchem Ausmaß auch erwachsene ADHS-Patienten von einer allergenfreien Ernährungsweise profitieren, wurde bisher noch nicht ausreichend untersucht. Doch wenn Nahrungsmittel bei Kindern ADHS-Symptome auslösen oder verstärken können, wieso sollte das nicht auch bei Erwachsenen möglich sein? Die allergenfreie Ernährung wäre sicherlich einen Versuch wert. Doch auch hier gilt, dass die oligoantigene Diät, mit der man den Auslösern auf die Spur kommen kann, nicht im Alleingang durchgeführt werden darf. Ernährungsprofis müssen ein wachsames Auge darauf haben, damit es nicht zu einer Mangelernährung kommt.

Holen Sie sich Rat! Gerade in Selbsthilfegruppen erhalten Sie Adressen, wo Sie eine geeignete Ernährungsberatung finden können.

Diätmärchen

Wer sich mit dem Thema ADHS und Ernährung beschäftigt, wird auf einige Theorien stoßen. Neben der oligoantigenen Diät dürften die Feingold-Diät und die Phosphat-Diät nach Hertha Hafer am bekanntesten sein.

Wer sich mit dem Thema ADHS und Ernährung beschäftigt, wird auf einige Theorien stoßen

Der amerikanische Wissenschaftler und Arzt Dr. Benjamin Feingold entwickelte in den 70er Jahren im Rahmen seiner Arbeit durch Beobachtungen an seinen Patienten eine Diät, bei der auf Salicylate sowie Farb- und Konservierungsstoffe verzichtet werden musste. Das bedeutete, dass eine Vielzahl von Nahrungsmitteln vermieden werden musste. Dazu gehörten beispielsweise Äpfel, Erdbeeren, Gurken, Pfirsiche, Orangen oder Süßigkeiten, Eiscreme und Diätgetränke. Wenn ADHS-Kinder mit dieser Diät behandelt wurden, besserte sich bei einem kleinen Teil der Kinder die Verhaltensstörung. In Studien konnte die Feingold-Diät ihre Wirksamkeit jedoch nicht nachweisen.

Die Feingold-Diät

In Deutschland erlangte eine andere Diät einen hohen Bekanntheitsgrad. Es handelt sich um die Phosphat-Diät, die von der Apothekerin Hertha Hafer entwickelt wurde. Nach Beobachtungen an ihrem Adoptivsohn, der an ADHS litt, hielt sie es für möglich, dass das in der Nahrung enthaltene Phosphat die Verhaltensauffälligkeiten ausgelöst hatte. Alle phosphathaltigen Nahrungsmittel und zusätzlich Zucker, Milch, Kakao, Zitrusfrüchte u.a. mussten gemieden werden. Auch die Phosphat-Diät wurde in Studien widerlegt.

Die Phosphat-Diät erlangte einen hohen Bekanntheitsgrad

Außerdem ist an beiden Diäten zu kritisieren, dass es sich nicht um individuelle Ernährungspläne handelt, sondern zahlreiche Nahrungsmittel einfach aus dem Speiseplan verbannt werden. Das bedeutet für die Betroffenen eine große Einschränkung. Außerdem ist durch die große Anzahl an Nahrungsmitteln, auf die verzichtet werden soll, eine ausgewogene Ernährung, die ausreichend Vitamine, Mineralstoffe und Spurenelemente enthält, deutlich schwieriger.

Die Wirksamkeit beider Diätformen konnte nicht bewiesen werden

Auch wenn die Wirksamkeit beider Diätformen in wissenschaftlichen Untersuchungen nicht bewiesen werden konnte, stößt man immer wieder auf Berichte, in denen Betroffene beschreiben, wie ihnen eine dieser Diäten geholfen hat. Woran kann das liegen?
Obwohl beiden Diäten eine andere Theorie zugrunde liegt, kann man beim Vergleich der Diätvorschriften erkennen, dass es eine Reihe von Gemeinsamkeiten gibt. Beide empfehlen, Zusatzstoffe zu vermeiden und den Zuckerkonsum einzuschränken. Sowohl die Feingold- als auch die Phosphat-Diät machen es kaum möglich, Fertigprodukte zu verwenden. Aus diesem Grund werden automatisch verschiedenste Allergieauslöser vermieden. Dadurch konnten sich bei ADHS-Kindern die Symptome bessern, ohne dass der eigentliche Auslöser bekannt war.

Die Nährstofftherapie

Neueste Studien weisen darauf hin, dass auch ein Mangel an Mikronährstoffen, zu denen Vitamine, Mineralstoffe und Spurenelemente zählen, sowie die Unterversorgung mit lebenswichtigen Fettsäuren zusätzlich zu körperlichen auch psychische Störungen auslösen oder verstärken können.

Mangel an Mikronährstoffen und Fettsäuren können Störungen auslösen

Damit unser Gehirn reibungslos funktionieren kann, braucht es bestimmte Fettsäuren. Dazu gehören die hochungesättigten Fettsäuren Arachidonsäure (AA) und Docosahexaensäure (DHA). Der menschliche Körper ist nicht in der Lage, diese Fettsäuren selbst zu bilden, ist darauf angewiesen, sie in ausreichenden Mengen mit der Nahrung aufzunehmen. Wenn man bedenkt, dass die Nervenzellhüllen im Verhältnis 1:1 aus AA und DHA bestehen, kann man sich vorstellen, wie wichtig es ist, dass dem Organismus genügend Fettsäuren zugeführt werden. Außerdem werden aus den Fettsäuren AA und DHA auch verschiedene Botenstoffe (Hormone) gebildet. Ein Mangel dieser Fettsäuren würde deshalb auch das Gleichgewicht im Hormonhaushalt empfindlich stören. Außerdem wurde nachgewiesen, dass bei ADHS noch ein Mangel der Gehirnfettsäure Gammalinolensäure (GLA) hinzukommen kann.

Genauso wie der Körper Vitamine, Kohlenhydrate, Eiweiße oder Mineralstoffe braucht, braucht er auch täglich Fett. Doch Vorsicht – Fett ist nicht gleich Fett! Gesättigte Fettsäuren, wie man sie zum Beispiel in Bratfetten findet, landen nur auf den

Der Körper braucht täglich Fett – aber das richtige!

Hüften. Wertvoll sind nur die ungesättigten Fettsäuren, bei denen man die Omega-3-, Omega-6- und Omega-9-Fettsäuren unterscheidet. Besondere Bedeutung für das Gehirn haben dabei die Omega-3- und Omega-6-Fettsäuren. Omega-3-Fettsäuren befinden sich vor allem in Fisch, Muscheln oder Shrimps. Omega-6-Fettsäuren können mit pflanzlichen Ölen (Sonnenblumenöl, Maiskeimöl, Weizenkeimöl oder auch Rapsöl) aufgenommen werden. Also muss die Devise nicht »fettarme Ernährung«, sondern »Esst die richtigen Fette!« lauten.

Seit langem wird vermutet, dass ein Mangel an lebenswichtigen Fettsäuren auch bei ADHS-Kindern eine Rolle spielt

Seit langem wird vermutet, dass ein Mangel an diesen lebenswichtigen Fettsäuren auch bei ADHS-Kindern eine Rolle spielt. In den vergangenen Jahren haben wissenschaftliche Untersuchungen diese Vermutung bestätigt. Eine aktuelle Studie von Dr. Alexandra Richardson et al., die 2005 in der renommierten Fachzeitschrift »Pediatrics« erschienen war, belegt, dass sich bei Kindern, die an Dyspraxie (»Syndrom des ungeschickten Kindes«) litten und gleichzeitig ADHS-Symptome aufwiesen, durch die Gabe von hochungesättigten Fettsäuren nach drei Monaten die Lese- und Rechtschreibfähigkeiten deutlich gebessert hatten. Zusätzlich hatten sich die ADHS-Symptome deutlich vermindert.

Folgende Symptome deuten darauf hin, dass eine Zugabe von Omega-3- und Omega-6-Fettsäuren sinnvoll wäre:

- Körperliche Zeichen eines Fettsäuremangels (extremer Durst, häufiges Wasserlassen, raue, trockene Haut und Haare, Kopfschuppen, weiche, brüchige Nägel)
- Ekzeme
- Sehstörungen (schlechtes Nachtsehen, Überempfindlichkeit gegen helles Licht, Störungen beim Lesen wie verschwimmende oder unscharfe Buchstaben)
- Aufmerksamkeitsstörungen (Ablenkbarkeit, Konzentrationsmangel, Gedächtnisstörungen)
- Emotionale Labilität und Überempfindlichkeit (Ängstlichkeit, Stimmungsschwankungen, Wutanfälle)
- Schlafprobleme

Symptome für einen Mangel an Fettsäuren

Doch nicht nur Fettsäuren, sondern auch Spurenelemente wie Zink und Magnesium erfüllen wichtige Aufgaben im Gehirnstoffwechsel. Sie sind unter anderem Bestandteile oder Aktivatoren wichtiger Enzymsysteme, die den Stoffwechsel steuern. Außerdem hemmt Magnesium die Freisetzung von Stresshormonen.

Wie in einem Präzisionsuhrwerk garantiert nur die ausreichende Versorgung mit allen wichtigen Nährstoffen den reibungslosen Ablauf aller Körperfunktionen.

Deshalb ist es auch in der Nährstofftherapie wichtig, eine optimale Zufuhr *aller* wichtigen Nährstoffe mit einer gesunden Ernährungsweise zu garantieren.

Was muss auf den Speiseplan, damit genügend hochungesättigte Fettsäuren, Zink und Magnesium aufgenommen werden?

Diese Lebensmittel enthalten Fettsäuren, Zink und Magnesium

- Meerestiere aus kalten Gewässern (Thunfisch, Lachs, Makrele, Sardine, Hering, Aal, Meeresfrüchte u.a.)
- Kakao (keine fertigen Mischungen mit viel Zucker!)
- Vollkornflocken
- Pinienkerne, Mandeln, Walnüsse
- Sonnenblumenöl, Weizenkeimöl, Walnussöl, Maiskeimöl

Da es nicht immer einfach ist, bei ADHS-Kindern den Bedarf an allen wichtigen Fettsäuren, Spurenelementen, Vitaminen und Mineralstoffen über die Ernährung zu decken, gibt es hierzu geeignete Nahrungsergänzungspräparate. Sie enthalten je nach Präparat die Gehirnfettsäuren Arachidonsäure (AA), Docosahexaensäure (DHA), Gammalinolensäure (GLA), Zink, Magnesium und manchmal zusätzlich noch Mangan, Vitamin B_1 und B_6. Auch die Qualität der Nährtstoffpräparate spielt eine wichtige Rolle. Sie sollen keine minderwertigen Fischöle wie den Lebertran enthalten, da sich

Schadstoffe gerade in der Fischleber ansammeln und im Lebertran in konzentrierter Form enthalten sind. Außerdem ist Lebertran sehr reich an den fettlöslichen Vitaminen A und D. Diese Vitamine sind natürlich wichtig für den Stoffwechsel. Aber überschüssiges Vitamin A und D werden nicht vom Körper ausgeschieden und können dadurch überdosiert werden und die Gesundheit schädigen. Aus diesem Grund sollen Produkte verwendet werden, die das hochwertigere Thunfischöl enthalten.
Doch auch wenn es einfach und verlockend erscheint, mit Nährstoffkonzentraten die Defizite in der Ernährung auszugleichen, sollte nie darauf verzichtet werden, langfristig auf eine gesunde, vollwertige Kost umzustellen.

Wichtig: Langfristig auf eine gesunde, vollwertige Kost umstellen

Das richtige Essen macht das Leben mit ADHS leichter – Fallbeispiele

Wissenschaftliche Untersuchungen haben es längst bewiesen – mit der richtigen, individuell angepassten Ernährung kann man dem ADHS-Problem erfolgreich zu Leibe rücken.

Doch vor knapp 30 Jahren war der Zusammenhang von Ernährung und ADHS in der Bevölkerung noch weitestgehend unbekannt. Deshalb merkten aufmerksame Eltern eher zufällig, dass das Verhalten ihrer Kinder auch davon abhängig war, was sie gegessen hatten. Häufig wurden instinktiv unverträgliche Nahrungsmittel gemieden. Die Veröffentlichungen von Hertha Hafer über die von ihr propagierte Phosphat-Diät rückten das Thema »Ernährung und ADHS« in Deutschland weiter in den Blickpunkt der Öffentlichkeit. Auch wenn die Phosphathypothese nicht bestätigt werden konnte, so waren die Beobachtungen Hafers, dass es bei vielen ADHS-Kindern einen deutlichen Zusammenhang zwischen der Ernährung und ihrem Verhalten gibt, richtig.

Fallbeispiel: Karla lebt seit 28 Jahren mit ihrer ADHS-Erkrankung

Das zeigt auch der Fall einer jungen Frau, die seit 28 Jahren mit ihrer ADHS-Erkrankung lebt. Karla kam als drittes Kind in ihrer Familie zur Welt. Sie galt von Anfang an als sehr waches, aufmerksames Kind. Mit anderthalb Jahren wurde ihr Verhalten jedoch auffällig. Sie war sehr lebhaft und unruhig und häufig in Oppositionshaltung. Das äußerte sich darin, dass sie immer das Gegenteil von dem tat, was gerade von ihr verlangt wurde. Bei 25 Grad wollte sie einen Rollkragenpullover anziehen, im Winter das schöne Sommerkleid. Das bedeutete jeden Morgen Kampf. Sie war extrem in allem, was sie tat. Sie freute sich extrem und bekam hysterische Anfälle, wenn sie etwas nicht wollte. Außerdem hat Karla immer sehr laut gesprochen. Im Kindergarten konnte sie sich nicht in die Gruppe einfügen. Es fiel ihr schwer, Regeln einzuhalten. Dabei war sie trotzdem ein waches, sehr interessiertes Kind, das schon vor der Einschulung lesen und rechnen konnte. Deshalb war es für die Eltern umso verwunderlicher, dass sie in der Schule dann nicht einmal dazu in der Lage war, fehlerfrei von der

Tafel abzuschreiben. Trotz ihres hohen IQ war sie oft nicht in der Lage, ihre Fähigkeiten umzusetzen. Außerdem wahrte sie keine Distanz zu Lehrern oder Mitschülern. Als Kind war Karla sehr oft krank. Sie litt häufig unter Schnupfen, Ohrenschmerzen oder Halsschmerzen.

Damals steckte die Diagnostik und Behandlung von ADHS noch in den Kinderschuhen. Der einzige Rat, den die Eltern von ihrer Kinderärztin bekamen, war, konsequenter in der Erziehung zu sein.

Noch während der Grundschulzeit las Karlas Mutter einen Artikel von Hertha Hafer, in dem sie über ihre Theorie der Phosphate als ADHS-Auslöser berichtete. Daraufhin stellte die Mutter Karlas Ernährung nach den Empfehlungen Hafers um. Der Erfolg war verblüffend. Nach drei Tagen war Karla wie verwandelt. Sie war fröhlich und ausgeglichen, sprach plötzlich in einer normalen Lautstärke. Daraufhin beschäftigte sich die Mutter weiter mit dem Thema ADHS und suchte Informationen dazu. Auch ihr war bald klar, dass die Phosphathypothese Hafers nicht weit genug reichte. Die Eltern fanden heraus, dass die Tochter auf Weizen und Milch reagierte und dass Zucker die Symptome immer deutlich verschlechterte. Also wurden diese Dinge gemieden.

Die Ernährungsumstellung brachte die entscheidende Verbesserung

Die Ernährungsumstellung hat Karla geholfen, mit Höhen und Tiefen, aber erfolgreich durch ihre Schulzeit zu kommen. Sie brauchte immer viel Führung und war aus der Bahn geworfen, wenn sie mal etwas »Verbotenes« gegessen hatte. Aber auf Ritalin® konnte sie immer verzichten.

Heute ist sie erwachsen und Mutter von zwei Kindern. Sie ist sehr agil und kreativ. Ihrer Stressanfälligkeit trägt sie unter anderem dadurch Rechnung, dass sie auf dem ruhigeren Land wohnt. Sie hat gelernt, mit den Einschränkungen durch ADHS zu leben.

Fallbeispiel Max – die oligoantigene Diät bringt schon in der ersten Woche eine spürbare Verbesserung

Ein weiteres Beispiel ist Max. Bei ihm war ADHS bereits fachgerecht diagnostiziert. Im Alter von fünf Jahren kam er in die Ernährungsberatungsstelle der Kinderklinik und Poliklinik der Technischen Universität München und begann eine oligoantigene Diät. Schon innerhalb der ersten Diätwoche war Max wie ausgewechselt. Seine sonst sehr laute Stimme war jetzt ganz normal. Er war ruhiger, konnte besser sprechen und kam im Kindergarten jetzt gut zurecht.

Die oligoantigene Diät ergab, dass er auf Weizen und Milch reagierte. Durch die individuelle Diät, in der Milch- und Weizenprodukte gemieden wurden, besserte sich auch die Neurodermitis, unter der er zusätzlich litt.

Sobald sich ein Diätfehler einschlich, traten alle bekannten Symptome wieder auf.

Homöopathie – Behandeln nach dem Ähnlichkeitsprinzip

Was ist Homöopathie?

Die Homöopathie ist eine Heilkunde, die den Menschen in seiner Einheit aus Körper, Geist und Seele betrachtet

Die Homöopathie ist eine Heilkunde, die den Menschen in seiner Einheit aus Körper, Geist und Seele betrachtet. Wohl kaum eine Heilkunde löst heutzutage größere Streitgespräche aus. Sollen wirklich ein paar winzige weiße Kügelchen Krankheiten wie Neurodermitis, Asthma, Migräne oder Infektionen bessern oder gar heilen können? Die Homöopathiegegner sind der festen Überzeugung, dass es nicht möglich ist. Erfolge werden von ihnen ausschließlich dem Placeboeffekt zugeschrieben. Doch den Gegnern steht eine wachsende Zahl von Befürwortern gegenüber. Die homöopathischen Therapeuten vertrauen auf ihr Wissen und ihre Erfahrung. Sie erleben in ihrer täglichen Arbeit, wie heilsam die homöopathische Behandlung ist – vorausgesetzt, die homöopathischen Arzneimittel werden nach den Regeln der Homöopathie ausgewählt und verabreicht. Und nicht nur die Homöopathen sind von dieser Therapie überzeugt. Der beste Beweis ist die wachsende Zahl der Patienten, die eine homöopathische Behandlung wünscht.

»Similia similibus curentur.« – »Ähnliches werde durch Ähnliches geheilt.« Das ist der Leitgedanke der Homöopathie, einer nunmehr über 200 Jahre alten Heilmethode, die wir ihrem Entdecker Samuel Hahnemann verdanken.

Vorgeschichte der Homöopathie

Doch nicht erst seit Hahnemann gilt bei der Behandlung von Krankheiten der Ähnlichkeitsgedanke.

Die Homöopathie hat schon eine lange Vorgeschichte

Schon Hippokrates (ca. 460–375 v. Chr.) hat in Schriften das Ähnlichkeitsprinzip erwähnt.

Auch Paracelsus (1493–1541) spricht vom Simile-Prinzip, das bei ihm jedoch nicht das Ergebnis wissenschaftlicher Beobachtungen ist, sondern auf spekulativem und magischem Gedankengut seiner Zeit beruht.

Wichtige Vorarbeiten zur Homöopathie leistete der Arzt Anton Störck (1731–1803). Er prüfte bereits eine kleine Zahl von Arzneipflanzen am Gesunden. Nach der Prüfung der Pulsatilla nigricans (Küchenschelle) beschrieb er das typische homöopathische Phänomen der Erstverschlimmerung und hat es richtig gedeutet.

Geburtsstunde der Homöopathie

Samuel Hahnemann wurde 1755 als Sohn eines Porzellanmalers in Meißen geboren. Er war ein sprachbegabter Mann und verdiente sich sein Medizinstudium mit der Übersetzung wissenschaftlicher Schriften. Bei seinen Übersetzungen stieß er auf das Werk des schottischen Pharmakologen William Cullen. Dieser stellte darin die Behauptung auf, Chinarinde, die damals gegen Malaria (Wechselfieber) eingesetzt wurde, heile das Wechselfieber durch ihre »magenstärkende Wirkung«.

Das Jahr 1790 gilt als Geburtsstunde der Homöopathie

Das Jahr 1790 gilt als Geburtsstunde der Homöopathie. Hahnemann führte damals wiederholt einen Selbstversuch mit Chinarinde durch. Er besorgte sich Chinarinde, aß sie und entwickelte daraufhin Symptome, die denen des Wechselfiebers glichen. Hahnemann bediente sich einer Methode, die heute zu den wesentlichen Prinzipien der Homöopathie zählt – nämlich der Arzneimittelprüfung am Gesunden. Danach geht man davon aus, dass ein Mittel bei genau den Symptomen hilfreich eingesetzt werden kann, die es erzeugt, wenn Gesunde es einnehmen. Ein gutes Beispiel dafür ist die Tollkirsche (Belladonna). Wenn jemand versehentlich Tollkirschen isst, werden sich bald Krankheitszeichen wie Mundtrockenheit, vergrößerte Pupillen, Herzklopfen oder auch Halluzinationen einstellen. Genau diese Symptome können auch bei hohem Fieber auftreten. Ist das der Fall, kann man es mit dem homöopathischen Arzneimittel Belladonna gut behandeln.

Mit seinem wichtigsten Werk, dem »Organon der

Heilkunst« (Torgau, 1810), hat Hahnemann erstmals einen methodischen Zugang zur Ähnlichkeitsmedizin geschaffen und die wissenschaftliche Homöopathie begründet.
Durch die von Hahnemann entwickelte Methode der Verdünnung, Verreibung und Verschüttelung konnten bisher als unarzneilich geltende Stoffe (Minerale, Metalle oder Gifte) als Arzneimittel zugänglich gemacht werden. Eher zufällig entdeckte er dabei, dass sich bei dieser Vorgehensweise die Wirksamkeit des Arzneimittels sogar erhöhte. Vorausgesetzt, die Arznei wurde nach dem Ähnlichkeitsprinzip ausgewählt.
Diese Methode nannte er Potenzierung.

Hahnemanns Vermächtnis

Die Homöopathie ist eine Methode zur Behandlung akuter und chronischer Krankheiten mit einem festen Heilgesetz und deutlich einzusehenden Prinzipien

Als Hahnemann starb, hat er seinen Schülern die Homöopathie als fast fertige Lehre hinterlassen. Sie ist eine Methode zur Behandlung akuter und chronischer Krankheiten mit einem festen Heilgesetz und deutlich einzusehenden Prinzipien.
In der späteren Geschichte haben sich noch viele Ärzte mit der Vervollkommnung der homöopathischen Lehre beschäftigt. Mit der Zusammenstellung von homöopathischen Nachschlagewerken (Repertorien, Arzneimittellehren) haben sie zur Systematisierung der Heilmethode beigetragen. Bekannte Namen sind Clemens Maria Franz von Bönninghausen, Constantin Hering, Henry C. Allen, James Tyler Kent, William Boericke oder Cyrus Maxwell Boger.

Verdünnen und Verschütteln

Die Ausgangssubstanz eines homöopathischen Arzneimittels kann pflanzlicher, mineralischer, tierischer, metallischer oder anderer Herkunft sein. Hahnemann hatte die Entdeckung gemacht, dass seine Arzneimittel umso besser wirkten, wenn sie verdünnt waren und zusätzlich durch Verreiben (bei festen Ausgangsstoffen) oder Verschütteln (bei flüssigen Ausgangsstoffen) bearbeitet worden waren. Diese Methode nennt man Potenzierung. Sie wird in den Stufungen 1 + 9 = 10 oder 1 + 99 = 100 hergestellt. Dem Zahlenverhältnis entsprechend werden sie Dezimal- oder Zentesimalpotenzen genannt und als D- oder C-Potenz abgekürzt. Bei einem Arzneimittel in der Potenz D 12 würde das bedeuten, dass ein Teil der Ausgangssubstanz mit neun Teilen der Trägersubstanz verdünnt und verschüttelt bzw. verrieben wird. Von diesem Endprodukt wird danach ein Teil weggenommen und wieder mit neun Teilen Trägersubstanz verdünnt und verschüttelt oder verrieben. Dieser Vorgang findet insgesamt 12-mal statt, bis am Ende das Arzneimittel in der Potenz D 12 fertiggestellt ist. Außerdem gibt es noch die sogenannten Q-Potenzen, die Hahnemann in seinen letzten Lebensjahren entwickelte und die einem Mischungsverhältnis von 1:50 000 entsprechen.

Die Ausgangssubstanz eines homöopathischen Arzneimittels kann pflanzlicher, mineralischer, tierischer, metallischer oder anderer Herkunft sein

Prinzipien der Homöopathie

Das Ziel der Homöopathie ist es, die Lebensenergie wiederherzustellen und den gesamten Organismus in ein Gleichgewicht zu bringen

Die Homöopathie ist eine Reiz- und Regulationstherapie. Sie setzt die Selbstheilungskräfte des Körpers in Gang und steuert sie. Der homöopathisch erzeugte Reiz kann jedoch nur dann eine Reaktion auslösen, wenn der menschliche oder tierische Organismus noch zu einer Reaktion in der Lage ist. Die Voraussetzung dafür ist die Lebensenergie, über die jeder Organismus verfügt. Hahnemann nannte sie »Lebenskraft«. Bei akuten oder chronischen Krankheiten ist diese Lebenskraft geschwächt. Das Ziel der Homöopathie ist es, die Lebensenergie wiederherzustellen und den gesamten Organismus in ein Gleichgewicht zu bringen. Das ist manchmal nicht mehr möglich – zum Beispiel bei Krankheiten, bei denen Organe nicht mehr richtig arbeiten oder durch die Erkrankung zerstört werden. Eine homöopathische Heilung ist hier nicht mehr möglich.

Die klassische Homöopathie Hahnemanns ist eine Einzelmittelhomöopathie. Sie beruht auf drei Prinzipien:

- der Arzneiprüfung am Gesunden,
- der Ähnlichkeitsregel und
- dem individuellen Krankheitsbild.

Bei der Arzneimittelprüfung erhalten gesunde Versuchsteilnehmer ein homöopathisches Arzneimittel. Nur der Prüfungsleiter weiß jedoch, um welches Mittel es sich handelt. Im Zeitraum der Prüfung wird genau über alles Protokoll geführt, was sich subjektiv und objektiv beim »Prüfling« verändert. Das homöopathische Arzneimittel löst beim Gesunden eine »künstliche Krankheit« aus, die sich durch bestimmte Symptome äußert. Auch die Symptome, die durch Vergiftungen entstehen, bringen Erkenntnisse über die Wirkung einer Arznei. Gerade zu Zeiten Hahnemanns waren Quecksilber- oder Arsenvergiftungen keine Seltenheit. Alles zusammen fügt sich zu einem umfassenden Arzneimittelbild des jeweiligen Mittels. Wenn die Symptome der zu heilenden Krankheit möglichst genau mit dem Arzneimittelbild eines Mittels übereinstimmen, kann die homöopathische Arznei die Erkrankung heilen.

Wenn die Symptome der zu heilenden Krankheit möglichst genau mit dem Arzneimittelbild eines Mittels übereinstimmen, kann die homöopathische Arznei die Erkrankung heilen

Erinnern Sie sich daran, was passiert, wenn Sie Zwiebeln schneiden? Die Nase läuft, die Augen brennen und tränen.
Nach den Regeln der Homöopathie müsste die Zwiebel ein hervorragendes Mittel sein, um einen Schnupfen zu bekämpfen. Und genau so ist es auch. Allium Cepa, die Zwiebel, ist ein sehr gebräuchliches Schnupfenmittel in der Homöopathie. Doch hilft sie nicht gegen jeden beliebigen Schnupfen. Die Symptome müssen schon mit denen beim Zwiebelschneiden übereinstimmen. Also wässriger Fließschnupfen mit tränenden, brennenden Augen. Die Tränen lassen die Augen jedoch nicht wund werden. Bei einem dicken, gelben, festsitzenden Schnupfen oder einem Schnupfen, der mit entzündeten Augen einhergeht, wird Allium Cepa nichts ausrichten können.

In der Homöopathie weisen die Symptome den Weg zur passenden Arznei

In der Homöopathie weisen die Symptome den Weg zur passenden Arznei. Deshalb muss der Therapeut ganz genau alle krankheitsspezifischen, aber auch alle persönlichen Symptome erfragen und bewerten. Dabei wird die Lokalisation, die Art der Empfindung oder auch Gemütsverfassung, intellektuelle Fähigkeiten und Ähnliches erfragt. In der Homöopathie reicht beispielsweise die Angabe: »Ich habe Schmerzen« nicht aus. Für den Homöopathen ist es wichtig, ob die Schmerzen stechend, brennend oder reißend sind. Schlafgewohnheiten, Hunger, Durst, Appetit, Abneigungen, Ängste oder Träume – alles ist wichtig in der Homöopathie. Außerdem ist es von besonderer Bedeutung, bestimmte Faktoren (Modalitäten) zu erfragen, die die Erkrankung beeinflussen. Für die Mittelwahl kann es entscheidend sein, ob eine Verschlechterung der Symptome morgens oder abends zu beobachten ist, durch das Essen oder durch Liegen im Bett hervorgerufen wird oder ob Bewegung bessert oder alles verschlimmert.

Um alle Fakten zu sammeln, muss der Therapeut eine homöopathische Anamnese durchführen

Um alle Fakten zu sammeln, muss der Therapeut eine homöopathische Anamnese durchführen. Dazu gehört, dass der Patient zuerst ausführlich über seine Beschwerden erzählen darf. Nachdem sich der Therapeut dadurch einen Eindruck verschaffen konnte, wird er noch Fragen stellen. Diese werden sich sicherlich nicht nur auf die aktuellen Beschwerden beziehen, sondern sie werden viele Bereiche des Lebens betreffen und können häufig bis zur Geburt zurückreichen.

Wann kann die Homöopathie helfen?

Husten, Schnupfen, Heiserkeit – alles kein Problem. Gerade bei akuten Krankheiten kann die Homöopathie rasch helfen.
Auch chronische Erkrankungen kann die Homöopathie heilen. Sie wird erfolgreich bei allergischen Erkrankungen wie Ekzemen, Heuschnupfen oder Asthma eingesetzt. Außerdem hilft sie bei psychovegetativen Störungen (Schlafstörungen, Ängste oder Depressionen), entzündlichen Erkrankungen des Darmes, der Harnblase oder bei chronischen Nebenhöhlenentzündungen. Auch bei ADHS wird sie erfolgreich eingesetzt.

Wie wirkt die Homöopathie?

Spätestens wenn diese Frage diskutiert wird, stehen sich wieder einmal zwei Lager gegenüber. Für die einen ist die Homöopathie reine Scharlatanerie oder besitzt maximal noch einen Placeboeffekt. Die anderen sehen in ihrer täglichen Arbeit die Erfolge dieser Therapiemethode und kämpfen um ihre Anerkennung.

Noch lässt sich die Wirkungsweise der Homöopathie mit den bekannten Naturgesetzen nicht erklären

Noch lässt sich die Wirkungsweise der Homöopathie mit den bekannten Naturgesetzen nicht erklären. Trotzdem halten Homöopathen und Patienten unbeirrt an dieser Methode fest, denn sie sind von der Kraft der Globuli überzeugt. Es gibt mittlerweile immer mehr Studien, die sich mit der Wirksamkeit der Homöopathie beschäftigen. Leider geschieht das meist nach den Regeln der Schulmedizin. Das bedeutet, dass Studien als placebo-kontrollierte Doppelblindstudien durchgeführt werden müssen. Das Design einer schulmedizinischen Doppelblindstudie lässt sich allerdings nur schwer auf eine Untersuchung übertragen, die sich mit dem Nachweis einer Therapiemethode befasst, deren besondere Eigenschaft die individuelle Arzneimittelfindung ist. Betrachten wir einmal diese Situation am Beispiel von Kopfschmerzen: In einer schulmedizinischen Studie werden Kopfschmerz-Patienten untersucht. Eine Gruppe bekommt ein bestimmtes Medikament, die andere Gruppe ein Scheinmedikament (Placebo). In einer placebo-kontrollierten Doppelblindstudie wüssten weder Arzt noch Patient, wer das Schmerzmittel und wer das Placebo erhält. Wie sollte man solch einen Studienaufbau auf eine Behandlungsmethode übertragen, in der für jeden Kopfschmerz-Patienten ein ganz individuelles Arzneimittel gefunden werden muss. Deshalb werden in der Homöopathie vor allem sogenannte Evaluationsstudien mit besonderem Interesse betrachtet. In diesen Studien werden aussagekräftige Daten der homöopathischen Behandlung unter realen Praxisbedingungen ausgewertet. Eine Studie dieser Art wurde 2005 von Wissenschaftlern der Berliner Charité veröffentlicht. Sie hatten an über 100 homöopathischen Arztpraxen in Deutschland und der Schweiz über einen Zeitraum von zwei Jahren die Krankheitsverläufe von fast 4000 Patienten verfolgt. Die Studie konnte beweisen, dass die homöopathische Behandlung

In Evaluationsstudien werden aussagekräftige Daten der homöopathischen Behandlung unter realen Praxisbedingungen ausgewertet

bei den meisten Patienten eine deutliche Besserung der jeweiligen Beschwerden erreicht hatte. Auch die Ergebnisse des Modellversuchs der Innungskrankenkassen Sachsen-Anhalts weisen in die gleiche Richtung. Insgesamt wurde bei der Auswertung des Modellversuchs festgestellt, dass sich bei 70 Prozent der Patienten die Beschwerden gebessert hatten, 60 Prozent schlossen die Behandlung erfolgreich ab. Außerdem zeigte die Untersuchung, dass die homöopathische Behandlung einen positiven Einfluss auf die Langzeitwirkung der sogenannten gesundheitsbezogenen Lebensqualität hatte. Das schlug sich auch darin nieder, dass die Arbeitsunfähigkeitstage deutlich zurückgingen.
Neben all den Studien können auch die zahllosen Einzelfallberichte über Heilerfolge nicht ignoriert werden.
Auch wenn das Wirkprinzip der Homöopathie noch immer ein Geheimnis ist – dass sie hilft, ist mittlerweile unbestritten.

Auch wenn das Wirkprinzip der Homöopathie noch immer ein Geheimnis ist – dass sie hilft, ist mittlerweile unbestritten

Damit die Forschungsarbeit in der Homöopathie weiter vorangetrieben wird, hat der Deutsche Zentralverein homöopathischer Ärzte das Europäische Institut für Homöopathie in Köthen gegründet. Seine Aufgabe ist es, die wissenschaftliche Forschung in der Homöopathie zu fördern, zu koordinieren und durchzuführen.

Auch eingeschworene Schulmediziner können die Erfolge der Homöopathie nicht länger ignorieren. Bestes Beispiel dafür ist, dass die Homöopathie

Modellprojekt – Kinder werden zusätzlich zur konventionellen Therapie auch homöopathisch behandelt

mittlerweile sogar an Universitätskliniken Einzug gehalten hat. So gibt es im Rahmen eines Modellprojektes am Dr. von Haunerschen Kinderspital der Ludwig-Maximilians-Universität München die Möglichkeit, dass die Kinder zusätzlich zur konventionellen Therapie auch homöopathisch behandelt werden. Dabei wird die Homöopathie vor allem dort eingesetzt, wo die Möglichkeiten der Schulmedizin nur unbefriedigend sind. In der stationären Betreuung der Kinder wird die Homöopathie an dieser Kinderklinik beispielsweise beim Drogenentzugssyndrom von Neugeborenen, bei Hirnblutungen dritten Grades bei Frühgeborenen oder bei Wundheilungsstörungen, Verbrennungen oder Ängsten in der Kinderchirurgie eingesetzt. Die Homöopathie begleitet auch die Behandlung krebskranker Kinder, denn sie kann die Nebenwirkungen der Chemotherapie oder der Bestrahlung mildern und dadurch die Lebensqualität der Kinder deutlich verbessern.

Das Interesse anderer Kinderkliniken nimmt in diesem Bereich stetig zu. Mittlerweile gibt es nach dem Vorbild des Dr. von Haunerschen Kinderspitals weitere Kinderkliniken in Deutschland, in denen die Homöopathie die konventionellen Therapiemethoden erfolgreich ergänzt.

Homöopathie bei ADHS – den Symptomen auf der Spur

In der Homöopathie weisen die Symptome den Weg zum Arzneimittel. Der Therapeut begibt sich gemeinsam mit dem Patienten auf Spurensuche. Dazu gehört natürlich, dass der Homöopath in einem ausführlichen Gespräch die Krankengeschichte aufnimmt. Er führt eine körperliche Untersuchung durch und beobachtet das Verhalten des ADHS-Kindes. Natürlich können auch noch Beurteilungsskalen und Fragebögen oder psychologische Tests eingesetzt werden.

Der Homöopath führt eine körperliche Untersuchung durch und beobachtet das Verhalten des ADHS-Kindes

Wenn der Homöopath die Krankengeschichte aufnimmt und die körperliche Untersuchung durchführt, achtet er besonders auf die ganz spezifischen Symptome, die das Kind aufweist. Das bedeutet, dass er neben den Verhaltensstörungen besonders auf zusätzliche, körperliche Symptome oder Eigenheiten achtet, denn gerade diese Symptome können ihn zum richtigen Arzneimittel führen. Natürlich beobachtet er auch das Verhalten des Kindes in der Praxissituation und während standardisierter Aufgaben wie zum Beispiel psychologischer Tests. Hierbei lassen sich vom Therapeuten beispielsweise Rückschlüsse auf das Arbeitstempo, Vermeidungsstrategien, Ausdauer oder Sorgfalt ziehen.

Natürlich wird der Therapeut mit den Eltern auch besprechen, was das Ziel seiner Behandlung ist. Die Homöopathie geht davon aus, dass jedem Menschen eine Lebenskraft innewohnt. Wenn diese Lebenskraft im Gleichgewicht ist, ist das gleichbedeutend mit Gesundheit. Bis zu einem gewissen Grad ist diese Lebenskraft auch dazu in der Lage, Störungen auszugleichen. Kommen aber störende innere oder äußere Faktoren dazu, ist das nicht mehr möglich und eine Krankheit macht sich bemerkbar.

Bei ADHS-Kindern ist ihre Lebenskraft in ein Ungleichgewicht geraten. Mithilfe der homöopathischen Arznei sollen Selbstheilungs- und Regulationsmechanismen angestoßen werden

Bei ADHS-Kindern ist ihre Lebenskraft in ein Ungleichgewicht geraten. Mithilfe der homöopathischen Arznei sollen Selbstheilungs- und Regulationsmechanismen angestoßen werden, die das Gleichgewicht der Lebenskraft wiederherstellen können. Die Kinder werden also nicht, wie bei einer Stimulanzientherapie, medikamentös ruhiggestellt, sondern sie werden in die Lage versetzt, diese Störung selbst auszugleichen. Die homöopathische Therapie wird aus den Kindern keine völlig anderen Menschen machen. Sie gibt ihnen aber die Möglichkeit, ihre Fähigkeiten und Talente zu nutzen und mit ihren Mitmenschen besser klarzukommen. In der Praxis bedeutet das, dass die Kinder in der Schule jetzt ihr Potenzial besser nutzen können und sich beim Lernen nicht mehr selbst im Weg stehen. Endlich können sie Freundschaften schließen und sind nicht immer nur die Störenfriede.

Besondere Hoffnung geben Studien, die die Wirksamkeit der Homöopathie bei ADHS nachweisen konnten. So fanden die Schweizer Wissenschaftler Frei und Thurneysen in einer offenen klinischen Verlaufsbeobachtung heraus, dass bei 75 Prozent der beobachteten Kinder die homöopathische ADHS-Therapie erfolgreich und völlig ausreichend war. Da nach schulmedizinischen Standards jedoch nur die Ergebnisse placebo-kontrollierter Doppelblindstudien eine relevante Aussagekraft besitzen, entschloss man sich, eine ADHS-Doppelblindstudie durchzuführen. Das fachübergreifende Studienteam bestand aus der KIKOM (Kollegiale Instanz für Komplementärmedizin der Universität Bern), der Abteilung für Kinderneurologie und Neuropsychologie der Universitätskinderklinik Bern, dem Institut für Mathematische Statistik (IMSV) und der homöopathischen Praxis von Dr. Heiner Frei. Im Zeitraum von 2001 bis 2005 war zu diesem Zweck die homöopathische Behandlung von 62 ADHS-Kindern dokumentiert worden. Dabei gab es die Phase der doppelblinden Behandlung mit einem Scheinmedikament (Placebo) und dem homöopathischen Arzneimittel und eine offene Langzeitbehandlung. Die Ergebnisse dieser Studie, die in ihrem Aufbau allen gängigen wissenschaftlichen Anforderungen entspricht, belegten eindrucksvoll, dass die Homöopathie der Behandlung mit einem Placebo überlegen war. Sie ist ein weiterer Beleg dafür, dass Homöopathie wirkt und auch bei ADHS eine ernstzunehmende Alternative zur Stimulanzientherapie darstellt.

ADHS-Doppelblindstudie – ein weiterer Beleg dafür, dass Homöopathie wirkt und auch bei ADHS eine ernstzunehmende Alternative zur Stimulanzientherapie darstellt

Schwierigkeiten in der homöopathischen Therapie

Auch die Homöopathie hat ihre Grenzen. Die Ursachen dafür können beim Arzt, beim Patienten oder in der Methode der Homöopathie selbst liegen.

Die Voraussetzungen für eine erfolgreiche Behandlung

Die Voraussetzungen für eine erfolgreiche Behandlung liegen auf der Seite des Arztes darin, dass er über eine fundierte homöopathische Ausbildung verfügt und sich regelmäßig weiterbildet. Außerdem muss er über eine gewisse Erfahrung verfügen und ein großes Wissen über die verschiedenen Arzneimittel besitzen.

Doch auch die Mitarbeit des Patienten ist in der Homöopathie von besonderer Bedeutung. Der Patient muss in der Lage sein, seine Krankheitszeichen wahrzunehmen und möglichst genau zu beschreiben.

Außerdem ist die Homöopathie in den Fällen begrenzt, in denen die Ähnlichkeitsregel nicht angewendet werden kann. Das ist der Fall, wenn der Patient keine verwertbaren Symptome beschreiben kann oder wenn eine Krankheit keine besonderen Symptome hervorruft. In diesem Fall ist es dem Homöopathen nicht möglich, ein passendes Arzneimittel zu finden. Das gilt natürlich auch für die homöopathische Behandlung von ADHS.

In der ADHS-Therapie ist es selbst für den erfahrenen Homöopathen mitunter nicht einfach, die richtigen Symptome zu erkennen

In der ADHS-Therapie ist es selbst für den erfahrenen Homöopathen mitunter nicht einfach, die richtigen Symptome zu erkennen. Das kann daran liegen, dass bei den Kindern neben den typischen Verhaltensauffälligkeiten einfach zu wenig spezifische Merkmale vorliegen oder dass es so viele sind, dass man die entscheidenden Symptome nicht mehr erkennt. Hier hilft nur Geduld und die genaue weitere Beobachtung des Kindes. Auch ungeklärte Konflikte im sozialen Umfeld wie z. B. die Trennung der Eltern oder Probleme mit Gleichaltrigen können den Heilungsprozess behindern. Wenn das der Fall ist, müssen zusätzlich zur homöopathischen Therapie andere Methoden wie Coaching oder Psychotherapie angewendet werden.

Ist Homöopathie ausreichend?

Wie gerade die Studie von Dr. H. Frei belegt, kann die Homöopathie in vielen Fällen ADHS-Kindern helfen. Im Idealfall ist sie ein Bestandteil eines ganzheitlichen, integrativen Therapiekonzeptes, in dem auch Elterntraining, Entspannungstechniken, Verhaltenstherapie, Konzentrationstraining, pädagogische Maßnahmen zur Behandlung von Teilleistungsstörungen und die Ernährungskomponente eine Rolle spielen.

Im Idealfall ist die Homöopathie ein Bestandteil eines ganzheitlichen, integrativen Therapiekonzeptes

Auch im Verlauf einer homöopathischen Behandlung können Situationen auftreten, in denen es gerechtfertigt erscheint, mit einer Ritalin®-Behandlung zu beginnen. Dabei müssen Vorteile und Risiken sehr genau abgewogen werden. Doch wenn die ADHS-Symptome sehr stark ausgeprägt sind und die Gefahr besteht, dass die Situation zu Hause oder in der Schule eskaliert, kann mit einer vorü-

Ritalin®-Behandlung und Homöopathie

bergehenden Ritalin®-Behandlung das Schlimmste verhindert werden. Doch man sollte dabei beachten, dass Ritalin® nur in einem überschaubaren Zeitrahmen eingesetzt werden soll. Wenn die schlimmsten Probleme bewältigt sind, kann in Ruhe und mit Geduld wieder die homöopathische Therapie begonnen werden.

Wenn Kinder schon zu Beginn der homöopathischen Therapie Ritalin® bekommen, muss die Behandlung mit Psychostimulanzien zunächst weitergeführt werden. Wenn die homöopathische Behandlung erfolgreich ist, kann die Stimulanziengabe nach und nach reduziert werden.

Fallbeispiele

Bei Daniel bestand schon mit vier Jahren der Verdacht auf ADHS

Daniel ist ein sechs Jahre alter Junge. Mit vier Jahren kam seine Mutter mit ihm zum ersten Mal in die homöopathische Sprechstunde. Bei Daniel bestand schon damals der Verdacht auf ein ADHS.
Als Baby hat er viel geschrien, war sehr fordernd und schreckhaft. Er hatte viele Blähungen.
Daniel war ein sehr unruhiges Kind. Ein Gespräch war mit ihm nicht möglich. Er war albern und störte auch während des Gesprächs mit der Mutter ständig. Auffallend war, dass er keinen Augenkontakt zuließ, wenn er angesprochen wurde. Außerdem schnitt Daniel Grimassen. Er wirkte vom Gesichtsausdruck her schon wie erwachsen.
Im Kindergarten passte er sich der Gemeinschaft

nicht an. Er respektierte keine Grenzen und störte ständig. Die Kindergärtnerin hatte der Mutter berichtet, dass sich Daniel die Ohren zuhielt, wenn zu viele Reize auf ihn einströmten.

Schon nach den ersten homöopathischen Arzneimitteln ging es Daniel besser

Die ersten homöopathischen Arzneimittel, die er erhielt, waren Veratrum album (der Weiße Nießwurz) und danach Tarantula hispanica (Gift der Tarantel). Danach ging es Daniel besser. Er schnitt weniger Grimassen, war nicht mehr so unruhig und sein Verhalten war sozialer als vorher. Seine Zornanfälle hatten sich deutlich vermindert. Unter zusätzlicher ergotherapeutischer Betreuung besserten sich seine feinmotorischen Defizite. Das äußerte sich auch darin, dass er jetzt beim Basteln deutlich geschickter war.

Bei der Vorsorgeuntersuchung zeigten sich noch Defizite in der Grobmotorik. So war Daniel nicht in der Lage, auf einem Bein zu stehen oder einen Seitgalopp auszuführen. Der Einschulungstest ergab, dass er keine Regelschule besuchen könnte.

Wegen einer akuten Mittelohrentzündung erhielt er das homöopathische Arzneimittel Mercurius (Quecksilber). Daraufhin heilte nicht nur die Mittelohrentzündung aus, sondern auch das Verhalten von Daniel veränderte sich deutlich. Deshalb erhielt er Mercurius weiter in einer Hochpotenz.

Daniel stabilisierte sich weiter

Daniel stabilisierte sich. Er gliederte sich in die Kindergartengruppe ein und hatte zum ersten Mal einen Freund. Auch die Einschulung in eine spezielle Förderschule verlief problemlos. Daniel ist nicht mehr so albern und unkonzentriert. Auch die

Eifersucht auf seine Geschwister hat nachgelassen. Nach Aussagen der Mutter ist Daniel wie verwandelt, seit er Mercurius bekommen hat. Die Eltern sind sehr zufrieden und optimistisch.

Jonas war von Geburt an ein unruhiges Kind

Hier ein weiteres Fallbeispiel:
Jonas ist ein siebenjähriger Junge, der von Geburt an ein eher unruhiges Kind war. Und je älter er wurde, umso mehr entwickelte er sich zu einem unruhigen und aggressiven Störenfried. Jonas reagierte sehr sensibel auf seine Umgebung. Die Eindrücke schienen ungefiltert auf ihn hereinzuprasseln. Wenn zu viel auf ihn einwirkte, wurde er schnell unruhig oder flippte regelrecht aus. Dann trat er, kratzte, biss oder zog andere an den Haaren. Wenn andere Kinder sich stritten, machte er einfach alles nach. Auch Unterhaltungen seiner Eltern störte er permanent. Doch ganz im Gegensatz dazu konnte er sehr mitfühlend sein, wenn es anderen schlecht ging.
Auch der Schlaf war problematisch. Bis er drei Jahre alt war, erwachte Jonas immer schreiend und zitternd vor Angst. Auch später fürchtete er sich nachts in der Dunkelheit. Er schlief meist in der Knie-Ellenbogen-Lage oder auf der Seite.
Wenn er eine besonders unruhige Phase hatte, verweigerte er außerdem Essen und Trinken.
Es fiel auf, dass die psychischen Symptome immer besser waren, während er einen Infekt hatte. War der Infekt überstanden, wurde sein Verhalten wieder rapide schlechter.
Für einen homöopathischen Arzt sind allerdings noch andere Symptome als Unruhe und Aggressi-

on wichtig, um das richtige Arzneimittel zu bestimmen. Dazu zählten bei Jonas, dass er häufig sehr großen Durst hatte und dann sechs bis sieben Liter täglich trank. Außerdem wusch er sich sehr ungern. Wenn nach dem Essen jedoch der Mund und die Hände klebten, musste er sich sofort waschen gehen.

Nach der ausführlichen homöopathischen Fallaufnahme erhielt Jonas Stramonium (Datura Stramonium; der Stechapfel) in einer Hochpotenz. Danach war er wie verwandelt. Sein aggressives Verhalten und seine große Unruhe waren verschwunden. Die Arznei musste innerhalb eines Jahres mehrmals wiederholt werden. Die homöopathische Behandlung von Jonas dauert noch an, doch die Abstände, in denen er eine homöopathische Arznei braucht, vergrößern sich stetig.

Nach der ersten Gabe von Stramonium war Jonas wie verwandelt

ADHS bei Erwachsenen

Lange Zeit galt ADHS ausschließlich als eine Störung des Kindes- und Jugendalters. Mittlerweile haben Untersuchungen belegt, dass dem nicht so ist. Bei etwa 35 bis 60 Prozent der ADHS-Kinder setzt sich die Erkrankung im Erwachsenenalter fort. Bei den Erwachsenen steht die Hyperaktivität nicht mehr so im Vordergrund. Dafür haben sie mit einer allgemeinen Konzentrations- und Leistungsschwäche zu kämpfen. Sie fühlen sich ruhelos und getrieben. Für viele Erwachsene hat ihre ADHS-Erkrankung soziale Konsequenzen. Mit ihren Schulabschlüssen und ihrer beruflichen Karriere bleiben sie oft unter dem, was sie eigentlich aufgrund ihrer Fähigkeiten erreichen könnten. Oft haben sie Probleme im Job und wechseln häufig die Arbeitsstelle. Auch im privaten Bereich gestaltet sich das Leben bei vielen sehr unstet. Typische Begleitstörungen des ADHS im Erwachsenenalter sind Depressionen, Angststörungen, Suchterkrankungen oder Persönlichkeitsstörungen. Gerade diese Begleitstörungen erschweren bei Erwachsenen häufig die Diagnose, da sie die charakteristischen ADHS-Symptome verdecken können.

Bei etwa 35 bis 60 Prozent der ADHS-Kinder setzt sich die Erkrankung im Erwachsenenalter fort

Für viele Erwachsene hat ihre ADHS-Erkrankung soziale Konsequenzen

Auch wenn ADHS im Erwachsenenalter in den vergangenen Jahren stärker in den Blickpunkt der Wissenschaft gerückt ist, bestehen in der alltäglichen Diagnose- und Behandlungspraxis noch deutliche Defizite. Die Leitlinien zur Diagnostik und Therapie von ADHS im Erwachsenenalter, die 2003 von der Deutschen Gesellschaft für Psychiatrie, Psychotherapie und Nervenheilkunde herausgegeben wurden, können dabei helfen, diesen Zustand zu überwinden. Lesen Sie mehr zu den Symptomen und zur Diagnostik von ADHS bei Erwachsenen im Kapitel »ADHS – Was ist das?«.

Die Schulmedizin setzt bei Erwachsenen vor allem auf eine Kombination von Methylphenidat und Verhaltenstherapie

Die Schulmedizin setzt bei Erwachsenen vor allem auf eine Kombination von Methylphenidat und Verhaltenstherapie. Dieses Vorgehen wird auch in den 2003 veröffentlichten Leitlinien zur Diagnostik und Therapie von ADHS im Erwachsenenalter beschrieben. Da Methylphenidat jedoch für die ADHS-Therapie bei Erwachsenen in Deutschland nicht offiziell zugelassen ist, handelt es sich bei der Methylphenidat-Verordnung um einen sogenannten Off-Lable-Gebrauch. Für die Betroffenen hat das zur Folge, dass die Krankenkassen die Kosten für das Medikament nicht übernehmen oder nur nach ausführlichen Einzelfallgutachten.

Auch bei den Erwachsenen gilt, dass ADHS nach einem ganzheitlichen Therapiekonzept erfolgreich behandelt werden kann

Doch auch bei den Erwachsenen gilt, dass ADHS nach einem ganzheitlichen Therapiekonzept erfolgreich behandelt werden kann. Maskierte Nahrungsmittelallergien und -unverträglichkeiten oder Nährstoffdefizite bei ADHS unterliegen schließlich keiner Altersgrenze. Deshalb haben eine vollwertige Ernährung, die Suche nach versteckten Allergien oder der Ausgleich von Nährstoffmängeln den gleichen Stellenwert wie bei ADHS-Kindern (siehe Kapitel »Ernährung«). Auch die Homöopathie, Entspannungstechniken, Psychotherapie und Coachings sind bewährte Mittel, um die ADH-Störung im Erwachsenenalter zu behandeln und den Betroffenen wieder zu mehr Lebensqualität zu verhelfen.

Doch neben aller Problematik, die ADHS mit sich bringt, darf man nicht vergessen, dass ADHS-Menschen mitunter über ganz besondere Eigenschaften verfügen. Sie sind häufig besonders einfühlsam, kreativ und besitzen eine schier unerschöpfliche Energie. Wenn sie es schaffen, ihre Energie zu kanalisieren und sinnvoll und zielgerichtet einzusetzen, können die positiven Eigenschaften voll zur Geltung kommen. Ein Blick in die Geschichtsbücher genügt, um festzustellen, dass sich ADHS-Betroffene bei Persönlichkeiten wie Mozart, Churchill, Dalí oder Alva Edison in bester Gesellschaft befinden.

Neben aller Problematik – ADHS-Menschen verfügen mitunter über ganz besondere Eigenschaften

Anhang

Glossar

ADHS/ADS

ADHS ist die Abkürzung für das Aufmerksamkeits-Defizit-Hyperaktivitäts-Syndrom. Häufig findet man dafür auch die Abkürzung ADHD, die von der englischen Bezeichnung Attention Deficit Hyperactivity Disorder abgeleitet ist. ADHS ist das am häufigsten diagnostizierte Störungsbild im Kindes- und Jugendalter. Es ist durch Eigenschaften wie Überaktivität, Impulsivität und Unaufmerksamkeit gekennzeichnet. Bei ADS handelt es sich um die gleiche Störung. Es fehlt allerdings das Symptom der Überaktivität.

Allergen

Ein Allergen ist eine chemische Substanz, die eine überschießende Immunreaktion auslöst. Das Allergen ist dabei das Antigen, welches das Immunsystem zur Produktion von Antikörpern veranlasst. Diese Antikörper lassen sich durch Blutuntersuchungen nachweisen.

Amaranth

Amaranth ist eine alte Kulturpflanze, deren Körner schon bei den Azteken und Inkas verwendet wurden. Er enthält viele essenzielle Aminosäuren, Kalzium, Magnesium, Eisen, Zink und ungesättigte Fettsäuren. Amaranth ist glutenfrei.

Atomoxetin
Der Wirkstoff gehört nicht zur Gruppe der Psychostimulanzien, sondern zu den selektiven Noradrenalin-Wiederaufnahmehemmern. Er ist in Deutschland zur Therapie des ADHS zugelassen. ADHS-Kinder, die diesen Wirkstoff erhalten, müssen genau beobachtet werden, da Atomoxetin suizidales oder feindseliges, aggressives Verhalten begünstigen oder auslösen kann.

Blutzucker
Bei der Messung des Blutzuckers wird die Glukosekonzentration im Blutserum bestimmt. Dadurch können Erkrankungen festgestellt werden, die einen zu hohen oder zu niedrigen Blutzuckerspiegel zur Folge haben.

Buchweizen
Der Buchweizen gehört zur Familie der Knöterichgewächse und ist ein Pseudogetreide. Es ist glutenfrei.

Darmflora
Als Darmflora wird die Bakterienbesiedelung des Darmes bezeichnet. Ihre Zusammensetzung ändert sich im Verlauf des Darmtraktes. Die höchste Bakteriendichte befindet sich im Dickdarm. Die Darmbakterien sind am Verdauungsprozess beteiligt.

Depression

Die Depression ist eine psychische Erkrankung. Die Betroffenen fühlen sich antriebslos, niedergeschlagen und können zusätzlich auch körperliche Störungen aufweisen. Sie leiden unter Konzentrationsstörungen, sind unentschlossen, appetitlos, haben Schlafstörungen und ziehen sich immer mehr zurück.

DSM IV

Das ist die Abkürzung für Diagnostic and Statistical Manual of Mental Disorders (Diagnostisches und Statistisches Handbuch Psychischer Störungen). Es ist die vierte Ausgabe des Klassifikationsschemas der Amerikanischen Psychiatrischen Vereinigung. Im Gegensatz zum ICD 10 ist das DSM IV ein nationales Klassifikationsschema und setzt etwas andere Schwerpunkte.

Dysbiose

Als Dysbiose bezeichnet man das Ungleichgewicht von schädlichen und nützlichen Bakterien im Darm, bei der die Zahl der schädlichen Bakterien überwiegt. Darmerkrankungen, einseitige Ernährung oder eine Antibiotikatherapie können eine Dysbiose verursachen.

Dyspraxie

Die Dyspraxie wird auch als das »Syndrom des ungeschickten Kindes« bezeichnet. Die Betroffenen haben Schwierigkeiten mit der Fein- und Grobmotorik. Es fällt ihnen schwer, ihre Gliedmaßen so zu bewegen wie sie es eigentlich wollen. Die Koordinationsstörungen beeinträchtigen alltägliche Aufgaben wie Waschen, Essen oder Trinken und führen leicht zu Stürzen und Unfällen.

EEG

Mithilfe des Elektroencephalogramms werden die Gehirnströme gemessen. Dazu werden die natürlichen Spannungsschwankungen der Gehirnrinde über Elektroden, die auf der Kopfhaut befestigt sind, abgeleitet. Durch die Beurteilung der Hirnstromwellen kann der Arzt eine krankhafte Veränderung der elektrischen Hirnaktivität erfassen und auf bestimmte Erkrankungen wie beispielsweise eine Epilepsie schließen.

Elektrolyte

Bei Elektrolyten im menschlichen Körper handelt es sich um biologische Elektrolyte. Das Elektrolytgleichgewicht ist lebenswichtig. Die Elektrolyte spielen eine wichtige Rolle bei der Funktion der Zellen und des Wasserhaushaltes und regulieren den ph-Wert des Blutes. Beispiele für biologische Elektrolyte sind Natrium, Kalium Calcium, Magnesium oder Chlorid. Die Elektrolyte werden unter anderem durch Bluttests bestimmt.

Enzyme

Enzyme sind Biokatalysatoren, die bei vielen biochemischen Reaktionen im Körper eine wichtige Rolle spielen.

Epilepsie

Diese Erkrankung wird auch als Fallsucht oder Krampfleiden bezeichnet. Es handelt sich um eine Fehlfunktion des Gehirns, bei der es zu einer unkontrollierten Entladung der Nervenzellen kommt.

Essenzielle Fettsäuren

Essenzielle Fettsäuren kann der Körper nicht selbst herstellen, sondern sie müssen mit der Nahrung aufgenommen werden. Dazu gehören die Omega-3-, Omega-6- und Omega-9-Fettsäuren.

Fette

Fette bestehen aus Glycerin und drei Fettsäuren. Bei den Fettsäuren unterscheidet man gesättigte und ungesättigte Fettsäuren.

Glutamat

Glutamat kommt als Neurotransmitter im zentralen Nervensystem vor. Außerdem wird es Nahrungsmitteln als Geschmacksverstärker hinzugegeben und kann zu Unverträglichkeitsreaktionen führen.

Gluten

Gluten ist das sogenannte Klebereiweiß im Getreide. Bei der Zöliakie besteht eine Glutenunverträglichkeit. Deshalb muss eine glutenfreie Diät eingehalten werden.

Histamin

Histamin ist ein biogenes Amin und wird bei allergischen Reaktionen freigesetzt. Es ist für die allergischen Symptome verantwortlich.

HKS

Diese Abkürzung steht für Hyperkinetisches Syndrom und beschreibt das Syndrom des zappeligen Kindes. Sie wurde viele Jahre anstelle von ADHS benutzt. HKS verschwindet zunehmend aus dem Sprachgebrauch, da es der Definition vom ADHS nicht in vollem Umfang gerecht wird, sondern nur den Aspekt der motorischen Unruhe und Überaktivität hervorhebt.

ICD Klassifikation

ICD bedeutet International Statistical Classification of Deseases and Related Health Problems. Sie ist die internationale Klassifikation der Krankheiten und verwandten Gesundheitsprobleme und wird von der Weltgesundheitsorganisation herausgegeben. Die aktuelle Ausgabe ist der ICD-10 und wird vom Deutschen Institut für medizinische Dokumentation und Information (DIMDI) gepflegt.

Kohlenhydrate

Kohlenhydrate sind ein wichtiger Energielieferant. Wir nehmen mit unserer Nahrung sogenannte Einfachzucker (Glukose) oder Mehrfachzucker (Stärke), die im Darm durch Enzyme in Einfachzucker aufgespalten werden müssen, auf. Von dort gelangen sie über die Darmschleimhaut in das Blut und werden weiter zu den Zellen transportiert. In den Zellen wird der Zucker in Energie umgewandelt.

Laktose
Laktose ist der Milchzucker. Er gehört zur Gruppe der Disaccharide (Zweifachzucker).

Leberwerte
Bei der Bestimmung der Leberwerte werden spezielle Enzyme im Blut bestimmt. Sind die Leberzellen geschädigt, treten diese Enzyme im Blut in erhöhter Konzentration auf. Zu den Leberenzymen gehören:
GOT = AST: Glutamat-Oxalacetat-Transaminase = Aspartat-Aminotransferase
GPT = ALAT: Glutamat-Pyruvat-Transaminase = Alanin-Amonitransferase
Gamma-GT: Gamma-Glutamyl-Transferase
AP: alkalische Phosphatase

Lese-Rechtschreib-Schwäche
Sie wird auch als LRS abgekürzt und ist eine Teilleistungsstörung. Der Fachbegriff für die LRS lautet Legasthenie. Die Betroffenen haben Schwierigkeiten, die gesprochene in die geschriebene Sprache umzusetzen und umgekehrt. Die Legasthenie tritt in vielen Fällen zusammen mit ADHS auf.

Leseschwäche
Hierbei handelt es sich ebenfalls um eine Teilleistungsstörung. Der Fachbegriff dafür lautet Dyslexie. Menschen, die darunter leiden, haben Probleme mit dem Lesen und Verstehen von Wörtern und Texten. Dabei sind sie normal intelligent. Die Dys-

lexie fällt oft in den ersten Schuljahren im Rahmen einer Legasthenie auf.

MCD

MCD steht für Minimale Cerebrale Dysfunktion. Das bedeutet eine geringfügige Fehlfunktion des Gehirns und kann für eine Vielzahl von Störungen stehen. Aus diesem Grund wird es nicht mehr als Synonym für ADHS benutzt.

Methylphenidat

Methylphenidat ist eine Amphetamin-ähnliche Substanz, die eine stimulierende Wirkung besitzt. Es hemmt im Gehirn die Wiederaufnahme von Dopamin und Noradrenalin und erhöht auf diese Weise die Konzentration dieser Botenstoffe im synaptischen Spalt. Seine Wirkung bei ADHS erklärt man sich dadurch, dass die gehemmte Wiederaufnahme der Botenstoffe den Mangel an Dopamin, der nach einer Hypothese als eine Ursache von ADHS angesehen wird, ausgleicht. Neben ADHS wird Methylphenidat auch zur Behandlung der Narkolepsie (Schlafkrankheit) und bei therapieresistenten Depressionen eingesetzt. Es unterliegt dem Betäubungsmittelgesetz.

Milcheiweiß

Milch besteht aus unterschiedlichen Eiweißkomponenten. Bisher zählen das Kasein und das ß-Lactoglobulin zu den häufigsten Allergieauslösern.

Mineralstoffe

Bei Mineralstoffen handelt es sich um lebensnotwendige Nährstoffe, die der Körper nicht selbst herstellen kann. Sie müssen mit der Nahrung aufgenommen werden. Zu den Mineralstoffen zählen unter anderem Kalzium, Natrium, Magnesium und Phosphor.

Nährstoffdichte

Die Nährstoffdichte beschreibt das Nährstoff-Kalorien-Verhältnis eines Lebensmittels. Eine hohe Nährstoffdichte ist empfehlenswert.

Nierenfunktionswerte

Um die Filterfunktion der Nieren zu kontrollieren, werden Harnstoff, Harnsäure, Kreatinin und Kreatinin-Clearance bestimmt. Außerdem kann der Urin auf Zucker (Glukose), Eiweiß oder rote Blutkörperchen untersucht werden.

Pestizide

Dabei handelt es sich um chemische Substanzen, die pflanzliche oder tierische Schädlinge abtöten oder sie in Wachstum und Vermehrung behindern.

Placebo

Im medizinischen Sprachgebrauch ist ein Placebo ein wirkstoffloses Scheinmedikament. Erzeugt es trotzdem einen positiven Effekt, bezeichnet man ihn als Placebo-Effekt.

Proteine

Proteine werden umgangssprachlich auch Eiweiße genannt. Proteine sind aus Aminosäuren aufgebaut. Sie gehören zu den Grundbausteinen aller Zellen. Außerdem nehmen Proteine im Köper noch andere Funktionen wahr. Als Enzyme arbeiten sie als Biokatalysatoren. Als Transportproteine transportieren sie zum Beispiel Eisen oder Sauerstoff. Im Immunsystem kämpfen sie als Antikörper gegen krankmachende Eindringlinge.

PSO

PSO ist die Abkürzung für Psychoorganisches Syndrom und bedeutet, dass eine Schädigung des Gehirns psychische Veränderungen hervorgerufen hat. In der Schweiz wird es noch heute für das ADHS verwendet.

Psychostimulanzien

Als Psychostimulanzien bezeichnet man Stoffe, die auf den Körper anregend wirken. Diese Substanzen erhöhen die Aktivität der Nerven. Bei regelmäßigem Konsum können einige Stimulanzien zu einer Abhängigkeit führen. Einige Vertreter sind Amphetamine, Xanthine (z.B. Koffein) oder Ephedrin.

Quinoa

Quinoa kommt wie Amaranth aus Südamerika und war ebenfalls ein Hauptnahrungsmittel der Azteken und Inkas. Es ist glutenfrei.

RAST

Dabei handelt es sich um den Radio-Allergo-Sorbens-Test. Mit seiner Hilfe können in Blutproben spezifische allergieauslösende Antikörper (Ig E) nachgewiesen werden. Allergien vom Soforttyp lassen sich dadurch schon zu einem frühen Zeitpunkt nachweisen.

REM-Schlaf

Der REM-Schlaf (REM = Rapid Eye Movements) ist eine Schlafphase, die durch schnelle Augenbewegungen und Muskelentspannung gekennzeichnet ist. Im EEG lässt sich der REM-Schlaf durch ein bestimmtes Muster der Gehirnwellen nachweisen. Die meisten Träume fallen in die Zeit des REM-Schlafes. Über die Funktion des REM-Schlafes besteht noch Unklarheit. Man vermutet, dass in dieser Phase erlebte Situationen verarbeitet und Informationen gespeichert werden.

Schilddrüsenwerte

Als Schilddrüsenwerte bezeichnet man die Hormone, die von der Schilddrüse hergestellt werden und Hormone, die die Funktion der Schilddrüse kontrollieren. Von der Schilddrüse werden die Hormone Trijodthyronin (T3), Thyroxin (T4) und Calcitonin hergestellt. An der Kontrolle der Schilddrüse sind die Hormone TRH und TSH beteiligt, die in speziellen Regionen des Gehirns ausgeschüttet werden.

Sekundäre Pflanzenstoffe
Pflanzen produzieren diese Stoffe, um sich vor Schädlingen, Krankheiten oder vor dem Sonnenlicht zu schützen. Doch auch im menschlichen Körper haben diese Stoffe eine nützliche Wirkung.

Spurenelemente
Bei Spurenelementen handelt es sich um chemische Stoffe, die der menschliche Körper täglich in kleinsten Mengen für lebensnotwendige Stoffwechselvorgänge benötigt. Dazu zählen zum Beispiel Chrom, Fluor, Kupfer, Mangan, Selen, Zink und andere.

Synapsen
Synapsen sind die Kontaktstellen zwischen zwei Zellen. An ihnen findet die Erregungsübertragung statt.

Tic-Störung
Neurologen und Psychiater verstehen darunter kurze, unwillkürliche Bewegungen oder Laute. Das können beispielsweise ständiges Augenzucken, Stirnrunzeln, Grimassenschneiden oder ständiges Räuspern, Hüsteln oder Schmatzen sein.

Transmitter
Bei Transmittern handelt es sich um biochemische Botenstoffe, die über die Kontaktstellen zwischen zwei Nervenzellen (Synapsen) Informationen von Zelle zu Zelle weitergeben. Wichtige Neurotransmitter (Botenstoffe im Nervensystem) sind Dopamin, Noradrenalin und Serotonin.

Vasoaktives intestinales Polypeptid (VIP)
Beim VIP handelt es sich um ein Peptid-Hormon, das im Verdauungstrakt gebildet wird.

Verhaltenstherapie
Dieser Begriff fasst ein breites Spektrum an psychotherapeutischen Behandlungsformen zusammen. Die Verhaltenstherapie hat das Ziel, Hilfe zur Selbsthilfe zu bieten. Dazu gehören beispielsweise Selbstmanagement-Therapie, Verhaltensmodifikation, Problemlösungstraining und viele mehr.

Wender-Utah-Kriterien
Bei den Wender-Utah-Kriterien handelt es sich um ein Diagnosesystem für ADHS. Im Gegensatz zum ICD 10 und DSM VI sind sie spezifisch für ADHS im Erwachsenenalter formuliert.

Internetadressen zu den Leitlinien für die Diagnostik und Therapie von ADHS

Bei Erwachsenen:
Leitlinien der Deutschen Gesellschaft für Psychiatrie, Psychotherapie und Nervenheilkunde (DGPPN)
Internet:
www.uni-duesseldorf.de/AWMF/ll/038-014.htm

Bei Kindern und Jugendlichen:
Leitlinie der Arbeitsgemeinschaft ADHS der Kinder- und Jugendärzte e.V.
Internet: *www.dgspj.de/lladhs.php*

Leitlinien der Deutschen Gesellschaft für Kinder- und Jugendpsychiatrie und -psychotherapie
Internet: *www.uni-duesseldorf.de/WWW/AWMF/ll/028-019.htm*

Service im Internet

www.adhs.ch
Diese Webpräsenz über ADHS richtet sich an Fachleute und medizinische Laien. Sie enthält umfangreiche Informationen zu diesem Thema. Die verantwortlichen Autoren sind der Schweizer Diplompsychologe P. Rossi und der Arzt Dr. med. M. Winkler.

www.naturundmedizin.de
Natur und Medizin ist die Fördergemeinschaft der Karl und Veronica Carstens Stiftung. Sie hat zum Ziel, die Naturheilkunde und Homöopathie in der Medizin zu verankern. Sie initiiert und finanziert Forschungsprojekte auf diesem Gebiet, unterstützt den ärztlichen und wissenschaftlichen Nachwuchs und hat das Ziel, dass Homöopathie und Naturheilkunde auch an den Universitäten gelehrt wird.

www.bv-auek.de/Seiten/Leseecke/OptiMind_Check_Partner.pdf
Wenn Sie den Verdacht haben, dass Ihr Partner von ADHS betroffen sein könnte, gibt folgender Fragebogen Aufschluss:
OptiMind® – Check für Partner von ADS-Betroffenen

www.triplep.de
Hier finden Sie mehr über das Erziehungskonzept Triple P.

www.kjp-uni-koeln.de/ver_ther_thop.php
THOP – Therapieprogramm für Kinder mit hyperkinetischem und oppositionellem Problemverhalten

Selbsthilfegruppen

Deutschland

AÜK – Arbeitskreis Überaktives Kind e.V.
Postfach 410724
12117 Berlin
Tel.: 030-85 60 59 02
Fax: 030-85 60 59 70
E-Mail: bv.auk@t-online.de
Internet: *www.bv-auek.de*

Bundesverband Aufmerksamkeitsstörung/Hyperaktivität e.V.
Postfach 60
D-91291 Forchheim
Tel.: 09191-70 42 60
Fax: 09191-3 48 74
E-Mail: info@bv-ah.de
Internet: *www.bv-ah.de*

Diese beiden Verbände planen, sich Anfang des Jahres 2007 zum größten deutschen ADHS-Verband zusammenzuschließen.
Künftig werden sie als ADHS Deutschland e.V. auftreten. Unter *www.adhs-deutschland-ev.de* sind sie dann im Internet zu erreichen.

JUVEMUS
Vereinigung zur Förderung von Kindern und Erwachsenen mit Teilleistungsschwächen e.V.
Obergraben 25
56567 Neuwied
Tel.: 02631-5 46 41
E-Mail: erve@juvemus.de
Internet: *www.juvemus.de*

Schweiz

ELPOS Schweiz
Verein für Eltern und Bezugspersonen von Kindern sowie Erwachsenen mit POS/AD(H)S
Auskünfte und Beratung erhalten Sie in den regionalen Vereinen. Ihre Adressen sind unter: *www.elpos.ch/beratung.htm* zu finden.

IG-ADS
Interessengruppe Aufmerksamkeitsdefizit-Syndrom bei Erwachsenen
Auskünfte über den Verein, Veranstaltungen sowie Gesprächsgruppen
Astrid Wälchli
Präsidentin des IG-ADS
Staldenstr. 10
CH-3322 Urtenen
Tel.: +41-(0) 31-8 59 02 27
E-Mail: info@igads.ch
www.igads.ch

Österreich

ADAPT

Arbeitsgruppe zur Förderung von Personen mit ADHS und Teilleistungsschwächen

Internet: *www.adapt.at*

Homöopathie

Hier erfahren Sie mehr über die Homöopathie. Außerdem können Sie über diese Webseiten Therapeuten finden.

Deutschland

Deutscher Zentralverein homöopathischer Ärzte e.V. (DZVhÄ)

Am Hofgarten 5
53113 Bonn
Tel.: 0228-2 42 53 3-0
Fax: 0228-2 42 53 3-1
E-Mail: sekretariat@dzvhae.de
Internet: *www.homoeopathy.de*

Bundesverband Patienten für Homöopathie e.V.

Burgstraße 20
37181 Hardegsen
Tel.: 05505-10 70
Fax: 05505-95 96 66
E-Mail: info@bph.de
Internet: *www.bph-online.de*

Schweiz

Schweizerische Ärztegesellschaft für Homöopathie
Auf dieser Seite können Sie nach Therapeuten suchen.
www.sahp.ch

SVHA Schweizerischer Verein Homöopathischer Ärztinnen und Ärzte
Sekretariat SVHA
Frau V. Greising
Dorfhaldenstrasse 5
CH-6052 Hergiswil
Tel.: +41 (0)41 6 30 07 60
Fax: +41 (0)41 2 80 30 36
E-Mail: sekretariat@svha.ch
Internet: *www.swiss-homeopathy.ch*
oder *www.svha.ch*

Österreich

ÖGHM Österreichische Gesellschaft für Homöopathische Medizin
Sekretariat ÖGHM
Mariahilferstraße 110
A-1070 Wien
Tel.: +43-(0) 1-5 26 75 75
Fax: +43-(0) 1-5 26 75 754
E-Mail: sekretariat@homoeopathie.at
Internet: *www.homoeopathie.at*

Oligoantigene Diät

Spezialsprechstunde ADHS der Kinderklinik und Poliklinik der Technischen Universität München
Auskunft/Anmeldung:
Tel.: 089-30 68-23 71
Internet: *www.kind.med.tu-muenchen.de*

Buchtipps

Wackelpeter und Trotzkopf
von Döpfner, Schürmann, Lehmkuhl
BeltzPVU
3. überarbeitete Auflage
Dieses Buch richtet sich an Eltern von Kindern mit hyperaktivem, oppositionellem Verhalten. Es enthält konkrete Anleitungen für Eltern und bietet Lösungsstrategien bei typischen Problemen mit ADHS-Kindern.

Hilfe bei ADHS
Dr. Georg Keller, Marie-Therese Zierau
Knaur (2006)
In diesem Buch erfahren Sie mehr zur Nährstofftherapie bei ADHS- und Legasthenie-Kindern.

Wir fühlen uns anders
Doris Ryffel-Rawak
Huber Verlag, Bern (2003)
Doris Ryffel-Rawak ist Fachärztin für Psychiatrie und Psychotherapie in eigener Praxis. Sie behandelt ADHS-Patienten. In diesem Buch gibt sie Einblicke in die Problematik des ADHS bei Erwachsenen und lässt Patienten zu Wort kommen.

Ist das Ihr Kind?
Versteckte Allergien bei Kindern und Erwachsenen aufdecken und behandeln
Prof. Doris Rapp
Promedico (2005)
Unerkannte Allergien können die Ursachen für sehr viele, verschiedene Beschwerden sein. Dieses Buch kann Augen öffnen.

Kursbuch Gesunde Kinderernährung
Dr. Petra Thorbrietz
Zabert Sandmann (2002)
Ein idealer Ratgeber für gesunde Kinderernährung.

Die Ordnung unserer Nahrung
Werner Kollath
Karl F. Haug Fachbuchverlag; 16. Auflage (2005)
Dieses Buch ist der »Klassiker« der Vollwerternährung und für Interessierte ein Standardwerk der gesunden Ernährung.

Unsere Nahrung, unser Schicksal
Dr. med. M. O. Bruker
emu Verlag für Ernährung, Medizin und Umwelt
38. Auflage (2005)
Hier schreibt Bruker über die Ursachen, Verhütung und Heilbarkeit ernährungsbedingter Zivilisationserkrankungen.

Vollwert-Ernährung. Konzeption einer zeitgemäßen und nachhaltigen Ernährung
Karl von Koerber, Thomas Männle, Claus Leitzmann
Haug Verlag; 10., vollst. neubearb. u. erw. Aufl. (2004)
Hier können Sie nachlesen, was zu einer zeitgemäßen und nachhaltigen Ernährung gehört.

Die Wahrheit über Käpt'n Iglo und die Fruchtzwerge
Hans-Ulrich Grimm, Annette Sabersky
Droemer/Knaur (2006)
Hier erfahren Sie mehr darüber, was die Lebensmittelindustrie mit unseren Kindern macht. Ein Aufklärungsbuch, so spannend wie ein Krimi.

Medizin der Zukunft
Georges Vithoulkas
Wenderoth Verlag (2006)
Wer noch ein Homöopathie-Neuling ist, sollte zum Einstieg in dieses Thema unbedingt Vithoulkas' Buch lesen.